一个人的新商业

一本书帮你掌握副业赚钱之道

张嫒 ◎ 著

中国纺织出版社有限公司

内 容 提 要

在当今这个充满不确定性的时代，我们会面临很多突如其来的危机，比如失业、疾病等。有很多人在遭遇危机之后才意识到仅仅依靠工资收入是不足以应对所有的风险的。此时，发展副业成为我们提高收入、优化收入结构、提高抵御风险能力的优质选择。

本书主要讲解了适合发展副业的人群、可以发展的副业以及如何从自身优势出发发展和经营属于自己的副业，书中还提供了很多真实的副业案例，可供大家参考。本书适合有意发展属于自己的副业的人阅读、使用。

图书在版编目（CIP）数据

一个人的新商业 / 张媛著. --北京：中国纺织出版社有限公司，2024.2
ISBN 978-7-5229-1305-6

Ⅰ.①一⋯ Ⅱ.①张⋯ Ⅲ.①副业—基本知识 Ⅳ.①F307.5

中国国家版本馆CIP数据核字（2024）第009326号

责任编辑：曹炳镝　段子君　李立静　责任校对：高　涵
责任印制：储志伟

中国纺织出版社有限公司出版发行
地址：北京市朝阳区百子湾东里 A407 号楼　邮政编码：100124
销售电话：010—67004422　传真：010—87155801
http://www.c-textilep.com
中国纺织出版社天猫旗舰店
官方微博 http://weibo.com/2119887771
天津千鹤文化传播有限公司印刷　各地新华书店经销
2024 年 2 月第 1 版第 1 次印刷
开本：710×1000　1/16　印张：12.5
字数：116 千字　定价：58.00 元

凡购本书，如有缺页、倒页、脱页，由本社图书营销中心调换

前言

在当今这个充满不确定性的时代，无论是个人还是企业，都需要面对各种各样的风险和危机。很多人在失去工作后才意识到，光靠工作带来的收入不足以让我们面对突如其来的风险。因此，发展副业成为提高收入和抵抗风险能力的一种有效途径。

其实很多人很早就做起了副业，因此在其遭遇变故之后，其生活并没有受到太大的影响，其依然有稳定的收入来维持家庭的正常生活。这就是副业给我们带来的好处。

除此之外，发展副业可以让我们看到自己的发展有更多的可能。我们在主业上达不到的成就，也许可以通过副业达到。有些人在发展了副业后才发现，原来自己也有某些方面的潜力，只是这个潜力需要自己去挖掘。有些人把副业经营得非常好，索性就把这个副业变成了自己的主业，最后甚至名利双收。所以，无论从哪个角度来看，发展副业都是一个不错的选择。

如果你现在也想要发展副业，那么你可以看看这本书。这本书能够告诉你可以从哪些方面来发展自己的副业、副业的选项都有哪些、如何发展自己的副业。书中还列举了很多真实的副业案例，可以供读者朋友们参考。

本书列举了很多实用的方法，你可以把对你有用的地方做个标记，然后进行精读并写出自己的执行方案。如果有了执行方案，你就要赶快行动，不要让自己的计划只是停留在想法的阶段。你只有提升自己的执行力，才能让自己离副业之路更近一步。

在发展副业的过程中，我们一定要遵守国家的法律法规。只有合法合规的经营和劳动，才能获得社会的认可和个人的保障。我们要始终保持清醒的头脑，不要被眼前的利益所迷惑，避免因为不当的操作或者违反法律法规而承担不必要的风险和损失。只有坚持合法合规原则，我们才能在发展副业的过程中取得成功并实现个人价值。

人生的无限可能不仅在你的职场上，多给自己一些身份，跨出自己的职场去探索更多的可能性，你会发现副业带给你的远不止收入的增长，它能够让你更有底气地面对裁员、降薪、调岗等突发状况，让你更加自如地掌控生活，让你拥有更加精彩的人生。

张媛

2023 年 10 月

目录

第一章
副业赚钱，先从头脑风暴开始

第一节 副业赚钱，多一份生活底气 / 2

第二节 找准方法，尽可能多地搜寻副业选项 / 5

第三节 选对时机，做事才能事半功倍 / 10

第四节 副业赚钱，不可不知道的事 / 13

第五节 多角度思考，开拓副业赚钱的思路 / 19

第二章
自我盘点，剖析自身优势

第一节 精准定位，找到自己的赚钱优势 / 26

第二节 兴趣为引，找到隐藏在深处的潜能 / 29

第三节 善用标签，给自己的优势加分 / 33

第三章
变现秘籍,副业赚钱的六大模式

第一节　迎击用户痛点,提供创意服务 / 42

第二节　发挥自身优势,开发相关产品 / 48

第三节　从事内容生产,实现知识变现 / 52

第四节　善用社交平台,从中赚取佣金 / 58

第五节　巧用电商平台,建立属于自己的店铺 / 64

第六节　自媒体营销,短视频与直播带货掀起变现高潮 / 69

第四章
善用能力,为你的副业赚钱添砖加瓦

第一节　职场能力,为你的副业赚钱续航 / 76

第二节　掌握沟通技巧,提升副业变现率 / 79

第三节　用心经营,构建自己的人脉关系网 / 85

第四节　学会管理团队,团队的力量不容小觑 / 89

第五章
全力引流,让你的副业赚钱更加顺畅

第一节　微信引流,为你的副业积累人气 / 96

第二节 微博引流，不容错过的引流平台 / 101

第三节 社群引流，精准吸粉的"利器" / 106

第四节 短视频引流，当下最流行的引流模式 / 113

第五节 直播引流，实力圈粉就这么简单 / 118

第六章
副业运营，懂策略才能走得长远

第一节 分析趋势，抓住身边的一切机会 / 126

第二节 找到榜样，为自己树立标杆方向 / 130

第三节 运营规划，让副业更持久 / 135

第四节 总结复盘，提升成功概率 / 139

第五节 学习成功经验，降低副业路上的风险 / 144

第七章
权衡利弊，综合考虑主副业关系

第一节 掌握现状，借力主业发展副业 / 152

第二节 玩转时间，实现主副业的和谐共生 / 156

第三节 变副为主，你做好准备了吗 / 161

第四节 拓展渠道，多种副业使收入结构更合理 / 165

第八章
自我管理，在副业中遇见更好的自己

第一节　精力管理，提高工作效率 / 172

第二节　情绪管理，学会自我调节 / 176

第三节　学会理财，规划收入让钱生钱 / 181

第四节　提升学习力，为自己更多地赋能 / 185

第一章
副业赚钱，先从头脑风暴开始

第一节 副业赚钱，多一份生活底气

副业在现代社会中扮演着重要的角色，它不仅可以为我们提供额外的经济收入，缓解我们的经济压力，还能促进我们个人技能的提升，帮助我们实现个人的成长。

那么，哪几类人更适合搞副业呢？主要有以下几类人群。

1. 全职宝妈

我们经常会在朋友圈看到很多好友带着孩子在全国游玩打卡的美图，其着实让人羡慕。羡慕之余我们开始思考，为什么他们不上班却能这么自由，想去哪儿玩去哪儿玩。打听之后才知道，原来他们都有自己的副业，副业让他们实现了财务自由。

小丽是一位全职宝妈，一次偶然的机会，她了解到了一份为某公众号写文章的工作。小丽是中文系毕业的，有一定的文字功底，她觉得自己在带娃的情况下也可以胜任这份工作，于是她就开始写稿了。

曾经她以为写稿无法养家，但是经过不断的尝试和练习，她的文章越来越受到欢迎，经常获得平台几百到几千元不等的奖励。如果获得月度优质账号，平台还会奖励她5000元。慢慢地，小丽成了平台的签约作者，实现了月收入过万元的目标。这让小丽越来越努力地写稿，因为这份工作让她既可以兼顾家庭，又可以多一份收入，实在是一举两得的好事。

2. 大学生群体

大学生由于没有经济来源，生活往往较为简朴。他们只能跟父母要钱，并以此作为自己的生活费以维系日常开销。很多大学生为了缓解父母的经济压力或者锻炼自己的生存能力，已经开始一边努力做好学业，一边搞副业了。

副业不仅能缓解父母的经济压力，还能提高大学生的生活水平，同时锻炼大学生的生存能力。如果副业经营得好，副业有可能变为大学生毕业后的主业，这样就避免了毕业即失业的情况。而且很多大学生在做副业时，是把这份副业当作事业来做，最后越做越大，甚至成立了自己的公司。

"优鲜果妮"是一个由大学生利用微信公众号打造的零售平台，其主要经营范围是石家庄经济学院全校区,其创始人是一位当时还没有大学毕业的学生——许熠。一次偶然的机会,他发现学校的绝大多数女生爱吃水果,如果利用微信卖水果必然大有赚头。于是,他免费申请了一个微信公众号账号,从此"优鲜果妮"这个微信公众号零售平台就正式上线了。

之后,许熠在学校里四处派发宣传单,为了能够快速涨粉,他还推出了"一个关注一块钱"的活动,同时推出了"邀好友送优惠券"的活动。在这样的强势宣传下,仅三个月,"优鲜果妮"就拥有了4920个粉丝。除此之外,许熠还推出了各种水果套餐;除了售卖商品,许熠还利用微信公众号为粉丝推送天气预报;如果有粉丝丢失东西,就在微信公众号上用强大的粉丝团为其寻回……在许熠的努力下,"优鲜果妮"一天的营业额达到了1500元,一个月的收入能达到4万元。

如今,"优鲜果妮"的业务已经不再局限于销售水果,它积极引进诸多商家入驻,进一步扩大到化妆品、电子数码、麻辣烫、奶茶等领域。顾客通过"优鲜果妮"下单,就可以坐等送货上门了。这就是一个大学生搞副业,同时创业成功的案例,这值得很多想做副业的大学生学习。

3. 普通上班族

在面对较大的生存压力,同时又没有更好的工作机会的情况下,许多普通上班族搞起了自己的副业,他们利用下班后的时间为自己寻求额外的收入。经过努力，他们实现了收入的增长，缓解了经济压力，也让他们多了一份生存技能。这让他们更加坚定自己的这份选择没有错。

以上这些人群更适合做一些副业，因为副业让他们对生活多了一份底气，不至于在发生变故时两眼抓瞎。所谓的"铁饭碗"不是在一个地方吃一辈子的饭，而是一辈子到哪里都有饭吃，这是对"铁饭碗"的最新解读。而副业就是你的底牌，在失去主业的时候，其不至于让你跌入人生谷底，连生活都无法保障。

人生没有什么是永恒不变的，你永远不知道意外和变故哪天会突然到来。你要做的只有不断地提升自己的能力，找一份适合自己发展的副业，给自己的生活上一道保险锁。

第二节　找准方法，尽可能多地搜寻副业选项

近年来，副业成了一种流行趋势。如果你有了自己要做副业的想法，就要尽可能多地搜寻副业选项，这样才能找到更适合自己的副业。

那么怎么才能找到适合自己的副业呢？

1. 以兴趣爱好为方向

每个人都有自己的兴趣爱好，比如写作、唱歌、跳舞、做手工、画画、表演等。有的人平时爱研究服饰穿搭、有的人平时爱研究做饭……这些都是兴趣爱好，我们可以以这些兴趣爱好为出发点，找到适合自己的副业。

兴趣爱好是你平时花大量时间去做的一些事情，也是你较为熟悉的一些事情。如果你以兴趣爱好为出发点探索自己的副业，那么你的副业会发展得更为顺畅一些。

比如近几年大火的短视频，就成为很多人的副业选择。在短视频上，有的人会给大家分享穿搭经验；有的人会给大家推荐美妆好物，帮大家节省购物时间和躲避一些美妆产品的"坑"；有的人会给大家分享美食教程；有的人会在短视频上表演幽默短剧。他们都通过短视频来吸引流量，最后引流变现。

这些人都是以自己的兴趣爱好为出发点，在短视频领域建立自己的副业，利用业余时间赚取外快，提高自己的收入。

如果你目前的状态是有一定的空闲时间，那么你最好不要把时间都浪费在逛淘宝、追剧、刷手机上，你可以利用这些空闲时间探索自己的兴趣爱好，为自己的副业打下坚实的基础。

2. 与自己的主业相关的副业

很多人探索副业会选择与主业相关的行业，这样在做副业时会更得心应手，不用花太多的时间和精力就能兼顾好，而副业的成果也往往比较好。所以在选择副业时，你可以选择与自己主业相关的方向，这样跨度不会太大。比如，有些文字工作者会选择写作作为自己的副业；有些搞设计的人员会把设计图书封面作为自己的副业；有些服装行业的销售员会在很多社交平台上分享自己的穿搭经验，以成为人气博主。这些人都选择了与自己主业相关的副业。

玉荣是一名软件测试员，她经常在软件上市的前一天熬通宵为软件进行测试，是个典型的IT从业者。平时她的工作很忙，熬夜加班是常事。即便这样，她还是开启了自己的副业之旅。她的副业是参加一款教育软件的研发与测试，与她的主业技能息息相关。

尽管平时工作很忙，玉荣还是充分利用业余时间搞好自己的副业。无论是在上下班坐地铁的间隙，还是周末在家，她都充分利用自己一切可利用的时间。因为她的副业是她自己所熟悉的领域，并不会花费太多的精力和时间就能完成，而且能提高她的收入，她何乐而不为呢？

在选择副业模式时，要考虑到自身的能力和条件限制，选择这种与自己主业相关的副业，会更加省时、省心。

3. 与自己的主业不相关的副业

在探索副业之旅的过程中，很多人会选择与自己主业不相关的行业。这种模式需要你用心地去探索，而不是习惯性地暗示自己做不到。你必须相信自己，只有这样，你才有机会把事情做得越来越好。

小王是一家外企的运营总监，她特别喜欢瑜伽，几乎把所有的业余时间都用在研究瑜伽上了。前段时间她还考取了专业的瑜伽教练资格证，现在从事的副业是瑜伽老师，教学员一些瑜伽的正确动作和动作要领，从而达到塑身的效果。

你需要花心思去探索、去琢磨这种与主业不相关的副业，这样你才能探寻出一条适合自己的路。小王通过练习瑜伽使自己的状态越来越好，从而有更多的精力投入主业，形成了一个良性循环。

4. 根据自己的资源选择副业

除了以上三种，我们还可以把工作中积累的知识、技能、经验等宝贵资源作为开启副业的一把钥匙，从而实现变现。

老陈是一家外企的工程设计师，在公司主要负责研发儿童用的一些电子产品，如电子手表、电子游戏机等。他对 PCB Layout 设计（主要是 PCB 的元器件布局走线）很在行，对软件开发和各种与 PCB 相关的工具也很熟悉。老陈因为工作结识了很多负责研发电子产品的朋友。朋友们都知道老陈是这个行业的专家，同时精通软件开发，就经常找他帮忙做 Layout 设计，并给他一些报酬。老陈就这样走上了做副业的道路。

一般给老陈介绍活儿的都是熟悉的客户或者朋友，大家都非常了解老陈的工作能力。但是这一行对时间的要求很高，老陈接了这种时间紧急的单子之后，就会充分利用自己的业余时间把活儿干完。因为老陈总是在规定的时间内交工，所以找他的客户越来越多，他的口碑也越来越好，他的副业之路也越走越顺。

老陈的副业模式是依靠自己的技能做事情，这也是一种非常好的副业模式。把自己的专业技能做到极致，就会吸引客户主动找上门。当然，拥有高超的技能只是成功的第一步，你还要付出时间和精力，努力把工作做好，这样你才能满足客户的期望，才能真正把客户留下来，实现长期合作。

第三节 选对时机，做事才能事半功倍

在选择开启自己的副业之旅之前，我们要搞清楚开启副业的时机对不对。俗话说，天时地利人和。这个"天时"说的就是时机的问题，时机不对，很多努力都会白费。

选对时机，需要你正确认识自己目前的整体状态，把状态调整好了，你才能抓住更多的发展机会。

1. 时间是否充裕

如果你在工作中轻车熟路，有很多空闲时间，那么时间对你来说不是问题。但是，如果你的工作很忙碌，那么我们就要分析一下是工作真的忙碌，还是有什么原因导致自己很"忙碌"。也就是说，你是因为工作量太大而忙碌，还是因为工作效率低下而忙碌。这个要区分清楚。

如果是后者，你需要做的是提升能力，从而进一步提升工作效率。

如果是前者，你就要考虑清楚，在这种工作量大的环境下，你是否有多余的时间来搞副业。

晓兰在家做了三年的家庭主妇，由于孩子上了幼儿园，她有了很多空闲时间，于是她开始找工作。在找到工作之后，晓兰开始全力以赴。在工作的过程中，晓兰发现自己要花比别人多的时间和精力来做这份工作，每天晚上都要加班，甚至周末都要加班才能完成老板交代的工作任务。

这份工作的薪水并不高，晓兰看到自己很多朋友都搞起了副业，所以自己也想搞副业，以此提升收入。但是这份工作已经占去了她大部分的时间，她还要抽出时间兼顾孩子，已经没有更多的时间来搞副业了。

这就说明这种情况下，时机不对，不适宜搞副业。强行搞副业，只会让主业也跟着一团糟。这种情况下，最好的解决办法有两个：一是努力提升自己的专业技能，让自己成为无可替代的顶尖人才；二是换一个相对轻松的工作，自己不用花大量时间钻研就能胜任的工作。

我个人更倾向于第一个办法，因为只有不断地提升自己的专业技能，才会有更多的机会探索副业，而且在提升专业技能的同时，你可能会发现更多的机会。

2.精力是否充沛

时机的正确性除了时间，还有第二个因素——精力。很多人因为身体或者家庭等原因，做起事来会经常感到精疲力竭，对很多事情也没有太多的兴趣和激情。如果再搞副业，则需要付出更多的精力，才能更好地平衡主业和副业。

如果你的精力本身就不够用，状态不够好，那你尽量不要搞副业，因为这样会拖垮你的身体。

徐老师今年35岁，为了提高家庭生活质量和家庭收入，他搞起了副业。徐老师的主业是私立学校的一名英语老师，于是他的副业选择了在抖音上讲授大家英语技巧。因为徐老师有早睡早起的习惯，而且经常锻炼身体，所以他的精神面貌一直很好，常常是精力充沛的样子。

虽然偶尔也需要熬夜做一些课件，但是他总是能尽快调整好自己的作息时间，使自己永远保持精力充沛的状态。他出色的讲课方式和良好的精神面貌，在抖音上吸引了很多的粉丝，慢慢地他就通过抖音实现了引流变现。

所以，我们在追求成功的同时，要保重好自己的身体，因为高强度的工作需要一个好身体。俗话说，身体是革命的本钱。充沛的精力是做好副业的动力之源，切不可忽视。

在探索副业时，如果你的主业很轻松就能完成，那么你可以把大部分的时间和精力花在副业上。如果你刚到一个新的岗位，很多工作内容和工作流程还需要熟练和掌握。这种情况下，你就要把更多的时间和精力放到主业上，把少部分时间和精力放到探寻副业上。

其实，做任何事情都不存在绝对的最佳时机。因为你做了这个选择就相当于放弃了另一种可能。但是，无论做出哪种选择，你都要全力以赴，努力把它做到最好。这样即使失败了，也不会有遗憾。如果中途发现自己的确无法进行下去了，也要果断放弃，不能在一条道上走到黑。

第四节　副业赚钱，不可不知道的事

副业赚钱，切忌盲目跟风。我们不能看别人干什么我们就跟着干什么，我们要选择适合自己的副业，不能盲目跟风。很多人看到别人做副业赚到了钱，就想自己试一试；看到别人因为副业名利双收，就想自己试一试；主业进入瓶颈期，就想做副业寻找突破口等。

但是很多人停留在想或者等机会的阶段，没有付出真正的行动。很多人在这个时候就会选择放弃。比如，想要考取瑜伽教练资格证的人就会开始幻想自己能不能坚持住；想通过写作提升收入的人就会开始思考自己不会写怎么办、写不好怎么办。放弃的理由五花八门，比如事情太难，时间不够用，担心付出了也不一定有回报，当下的状态与设想的理想状态不一样，等等。

那么要想做好副业，要具备哪些条件呢？

1. 信心

做副业，要有一定的信心，不能过分消极。在打算开启副业的时候，我们就要给自己树立信心，时刻告诉自己"我能行"。只有充满了信心，加足马力全速前进，才算迈出了成功的第一步。当然信心不代表自负，我们要客观地、实事求是地看待副业这件事，把最坏的结果和最好的结果都提前设想好，踏踏实实地走好每一步。

佳佳是一位全职宝妈，在朋友圈看到很多人做微商赚到了钱，她也很想试一试，但是她不太确定自己能不能行，害怕一旦失败，投进去的钱就打水漂了。所以，佳佳一直在观望别人是否真的挣到了钱。经过一段时间的观望，佳佳发现她们确实通过微商挣到了钱，于是她就开始给自己加油打气，同时家里人也都支持她，帮她树立信心，最终她决定做这个副业。带着这份信心，她的副业做得越来越好。自从做了副业，佳佳不但多了一份收入，而且整个人的精神状态都比以前好了很多，每天都是神采奕奕的。

心态决定一切，如果你的心态不好，不够自信，事情往往就会朝着不好的方向发展。在决定做一件事之前，自己就要树立自信心，不断地告诉自己"我能行"。只有这样，做事情才能更加顺利。

2. 坚持

在做副业之前，人们往往会对副业成功怀有很大的期待。收入的增加、社交圈的扩大、知名度的提升等，这些美好的憧憬驱使着人们开始自己的副业之旅。想象总是美好的，现实却是残酷的。在刚开始付诸行动时，人们都是在新鲜感和热情的加持下干劲满满、激情四射，仿佛副业的成功近在眼前。但是过了一段时间，人们就会发现，在最初的新鲜感和热情褪去之后，各种各样的麻烦和困难接二连三地到来。例如，时间不够用，太累了，没有人带自己，没有钱参加线下培训，和主业有冲突，无法更好地完成客户的要求，等等。

这时，挫败感和疲惫感就会袭来，自己的内心开始自我怀疑，到底该不该坚持下去。有的人在这个时候就选择放弃，继续过着平淡无奇的生活，做着朝九晚五的工作。而有的人在经过一番思量之后，决定再坚持一段时间，如果实在不行，再放弃也不晚。

文娟是一个从事保险行业的中年女性，一个偶然的机会，她的一位许久未见的大学同学来看她。看到同学，文娟惊呆了，同学身材曼妙，谈吐和举手投足之间都透露着一种安静恬雅的气质，同时又不失生机。

文娟赶紧问这位同学是怎么保持身材的。同学说，一次逛街的时候，她接触了瑜伽训练，从此便一发不可收。现在，她已经是一名专业的瑜伽教练了。

文娟心里蠢蠢欲动，说道："我也想试试。"

就这样，文娟经同学的介绍进入了一家瑜伽培训机构，开始练习瑜伽。

经过两年的学习和训练，文娟的身材慢慢变好了，她也因此爱上了瑜伽。2018年年末，文娟下定决心要成为专业的瑜伽教练，她的家人也表示支持。

但是在参加培训的过程中，文娟发现，当瑜伽老师并非想象中那么简单。50人参加培训，最终留下来的甚至还不到10人，竞争相当激烈。除此之外，训练强度也非常大。

集训期为四个月。刚开始是每天早上9点到下午6点，全天都是高强度的体能训练，完全是在挑战学员的极限。除了体能训练，还有开髋、开肩、开韧带、后弯这些最基础训练，但它们的挑战比体能训练更大。

一天的训练下来，浑身酸痛。这期间，文娟也想过放弃，但是一想到支持她的家人，她就咬着牙坚持。这期间有很多人因为受不了这种高强度的训练就放弃了。而文娟要求自己必须按要求完成老师布置的体能训练和各种拉伸动作，再苦再累也要坚持下去。

经过四个月的集训，2019年6月，文娟顺利取得了高级瑜伽教练的资格证，迈出了做副业的第一步。

后来，文娟通过努力找到了一份瑜伽馆的工作，并通过了试用期，顺利开启了自己的副业。

以上案例充分体现了坚持的重要性，如果文娟中途就放弃，那么她就没有后来的成功。

当然坚持也要讲究方法，只有找到合适的方法才能走向成功。为了激励自己，你可以选择在朋友圈打卡；为了学到更多的知识，你可以进社群学习和交流经验；深夜时，你可以畅想一下成功的场景；你可以把大目标拆分成小目标，实现一个划掉一个；在摸索阶段，你可以适当地降低副业难度；你可以给自己树立成功的榜样，向榜样学习，甚至付出比榜样更多的努力；等等。经过这些尝试，我相信，你一定可以走得更远。

3. 合理规划

在探索副业的过程中，副业从业者往往会经历收入时有时无、忽高忽低，极其不稳定的阶段。此阶段，副业从业者的情绪往往被收入的情况影响，有时心情大好，有时意志消沉，但这些都是正常现象，因为很多人都是这么过来的。也就是说，大家都会经历这个过程。

但是副业从业者要学会从这种情绪中抽离出来，想办法持续推进副业的可持续发展，让副业步入稳定期。这样，你的收入也会跟着稳定，不会忽高忽低。在这个时候，你要做一个规划，例如，你对这个副业投入的时间是多少，成本是多少，收入是多少，如果遇到突发情况又要怎么处理，把这些都进行合理的规划，才能逐步推进副业的可持续发展，让副业进入稳定发展期。

那么，在这个阶段都有哪些具体措施呢？

①时间规划：合理分配时间，把更多的时间用到副业上。

②信息渠道：多搭建一些信息渠道，留意行业新动向、新消息，以便把握机会。

③调整目标：在遇到困难或者挫折时，适时调整目标，避免失败。

④听取意见：多听取过来人的经验，避免自己走入盲区。

⑤预测结果：经过详细周密的考虑，提升副业的可控性，对最坏的结果做好打算。

副业赚钱不是凭着自己的一腔热血就能完成的，这中间需要经过一个过程，既要有信心，又要有恒心，更要有方法。这个方法会在后面的章节具体阐述。

第五节　多角度思考，开拓副业赚钱的思路

副业赚钱要求副业从业者开拓副业赚钱的思路，只有这样，才能选择出更稳妥、更合适的副业之路。

那么，我们可以从哪些角度来开拓副业赚钱的思路呢？

1. 自己最擅长的

有的人做副业选择做知识付费，输出知识。因为这个知识是很多人需要的，能够帮助很多人解决一些专业性问题，如营销课程、化妆课程、阅读课程、写作课程、理财课程等。但这个内容一定是你能够驾驭的。

小王毕业10年，在公立学校和培训机构都当过英语老师，有着丰富的教学经验，熟悉体制内教学和体制外教学的区别。小徐毕业10年，但是只在公立学校当过英语老师，没有私立学校和培训学校的教学经验。在他们同时应聘培训机构的兼职英语老师时，如果你是面试官，你会愿

意选择哪个人呢？我想，选择小王的可能性会更大一些。因为他有培训机构的教学经验，更熟悉培训机构的教学模式。

也就是说，无论你选择哪种副业，最好有一定的基础或者从业经验。这些会让你的副业之路更加舒畅。

2. 提升自己多方面能力的

很多人在选择副业时会很困惑，因为其想改变现状，但是不知道该从何入手。

事实是多学习一些技能，对你是有很大帮助的。俗话说，技多不压身。越早掌握某项技能，对你日后的发展就越有利，你的选择面也会更广。

小李在一家图书公司上班，每天的主要工作就是校对稿子，但是公司的校对业务突然外包出去，导致小李没有了工作。领导建议他转型做写手，这让小李很苦恼。经过一番思想斗争，小李认为遇到困难就换工作实在不好，索性就挑战不同的岗位来提升自身的技能。一开始写作的时候，小李经常会遇到思路受阻、没有写作素材等问题，但是他都一一克服了。经过三个月的锻炼，他完全达到了公司要求的标准，成了一名合格的写作者。

从上面这个例子可以看出来，多一些技能傍身，总会多一条路走。走出自己的舒适区，多去尝试不同的岗位，这样才能提高自己的竞争力。

当你感到迷茫、不知所措，没有努力的方向时，不如多掌握一些技能，因为这些技能总会派上用场的。

至于提升哪方面的能力，可以从多个角度思考。

第一种是从你的主业中，也就是当下的工作中习得的技能，如教师所需要的教学能力、销售所需要的营销能力、设计所需要的构图能力等。

第二种是一些常用技能，如时间管理能力、沟通能力等。

第三种是可能会开启副业的技能，如写作、营销、运动等技能。

可以提升的技能有很多种，在此不做过多的阐述，你只要根据自身特长进行挖掘即可。

3. 善于总结

如果你在某领域取得了一定的成功，那么做这件事用到的思维、方法、流程等都是成功的经验。你要善于从中总结经验，并将总结出的经验用于做其他类似的事情。

涂梦珊是国内知名配音演员，曾为多部影视剧和动画片配过音。她的副业就是开创了声音魅力学训练营。

最初,她只是在多个场合做了公开分享,之后她常常会收到一些听众给她的留言,问她如何才能练好声音、如何才能可以自由切换各种配音模式。

因此,她萌生了一个想法,那就是将自己这些年来在配音方面的经验和方法写成一套课程,这样学员就可以循环听了。于是,她建立了一个社群,把想要学习的人集中在一起,由她来授课。大家在群里可以互相交流,遇到了难题她可以帮忙解答,这样她也可以在群里推销她的"魅力声音"课程。

因为涂梦珊在群里经常帮助群友们解决一些配音方面的难题,大家都很相信她的专业度。为了更好地提升自己的能力,群友们纷纷购买她的"魅力声音"课程。"魅力声音"课程的内容包括如何讲好故事、怎么给声音"减龄"、怎样给声音"增龄"等。这些内容非常实用,可以帮助群友们学到真正的知识。很多学员通过学习她的课程,找到了配音或者音频录制的工作。她的课程也被更多的人知道,购买她的课程的人也越来越多。

后来她还创建了"一对一"授课模式,针对单个学员的情况进行单独讲解,更好地提升学员的专业技能。

这只是她使用成功经验的一个方面。除此之外，她还把自己在副业上成功的经验又用到了其他的地方，如她的线下课程体系。

当你做一件事情取得成功之后，你要养成总结、归纳出经验的习惯，在今后遇到类似事情时，你就可以从之前成功的经验里找到相似点，这些点都是通用的。

陌生的领域对任何人来说都是陌生的，和自己所掌握的知识、专业相去甚远，甚至是完全不沾边的。这种情况下，我们大多数人会非常抵触，但是我们要拿出钻研行业的精神和学习技巧，把之前的知识重新归零，带着一种全新的姿态重新吸收新知识，这会让我们的思路更加开阔，我们副业之路也会越做越远。

回看我们身边一些做副业成功的人，他们都有着广泛的兴趣，并在众多的兴趣中挖掘一个自己擅长的兴趣，执着地研究到底。研究一旦有所进展，跨界接触到的知识就会作用在自己擅长的兴趣上，更加有助于我们取得成功。

实践环节：

请列出你的3种能力。

1. _____
2. _____
3. _____

从这 3 种能力中，找出与其关联的职业，并填入表中。

与_____关联的职业

第二章
自我盘点，剖析自身优势

第一节　精准定位，找到自己的赚钱优势

在探寻副业阶段，我们要对自己进行精准的定位，并进行更深入的分析，找出自身的赚钱优势。这些优势中，最重要的一点是我们最擅长的事情。

最擅长的事情就是别人做起来需要 10 天才能完成，而你只需要 3 天就能完成的事情。你最擅长的事情不一定是你最喜欢的事情，却是让你比别人有优势的事情。

在探寻自己最擅长的事情上，我们可以回顾这些年的工作经历，回想在这么多份工作中，自己最擅长干什么，是写作、营销、销售还是讲课等。当然，如果你一时不知道自己最擅长什么，你可以问问身边的朋友、同事，看看你在他们眼中有哪些擅长的事情。你可以在社交平台上发信息问他们，让他们说出你最擅长的三件事情，出现频率最高的那个就是你最擅长的事情。这样，你就可以从旁人的眼中知道，原来自己有这些优势。

徐杨从大学毕业后就一直从事教育类工作。这期间，他做过管理人员、做过行政人员、做过老师。在这些工作中，徐杨做得最好的一份工作就是老师了。做管理人员时，他并没有显现出自己的管理才能；做行政人员时也仅仅是其中普通的一员；但是在老师这个岗位上，他的才能得到了淋漓尽致的体现。他经常被学校评为"优秀讲师""最受欢迎老师"等。学校比他学历好的、资历老的老师大有人在，但他就是最受学生欢迎的老师。除了学生，有很多老师也喜欢去他的课堂听课，向他学习教学方法。无论是老师还是学生都非常喜欢徐杨老师，这说明讲课就是徐杨最擅长的事。

很多人往往会忽略自己最擅长的事，没有时间重新审视自己。但如果你想开启你的副业，那么你就要认真思考这件事，看看自己最擅长哪件事情，然后在这件事上延伸出你的副业。

除了询问朋友，你还可以从榜样身上寻找自身优势。你可以选择一件在你感兴趣的领域中取得成功的人，仔细研究他们成功的经验和具备的技能，然后确认自身是否具有相似的特点和优势，从而确认是否尝试以同样的方式进行副业探索。

荣荣是一名 IT 程序员，也是一名 5 岁孩子的妈妈。一次偶然的机会，她在朋友那里知道了"习惯熊"App。这款 App 上面有很多学龄前儿童的课程，内容包含语数外、百科、故事等。通过试用，她觉得这款 App 的实用性很强，便开通了"习惯熊"的会员，并开始进行推课。

刚开始，荣荣只是在朋友圈经常发她家宝宝学习"习惯熊"的视频，并且坚持在朋友圈打卡。她的很多同学、同事、幼儿园的家长们看到她家孩子在家这么努力地学习，而且初见成效，就都来向她咨询。为了方便回复大家，她建了一个群，并把这些前来咨询的潜在客户都拉到这个群里。在这个群里，大家会分享教育孩子时遇到的难题和一些趣事，也会分享好的绘本和线上课程。荣荣也经常在群里为大家答疑解惑。因为她推荐的课程都非常好、非常实用，大家纷纷成为她的直属会员。在短短 3 个月的时间里，荣荣通过线上推课就赚到了 6 万元。当她把这件事情分享给她的好朋友欣然时，她的好朋友欣然立马心动了，于是欣然仿照荣荣的成功模板，开始独立发展直属会员，而且做得比荣荣还好，3 个月赚取的佣金比荣荣还多。

这就是在榜样身上发现自身的优势，因为你可能根本不知道利用孩子妈妈这个身份优势还可以为自己带来一份额外的收入。

在生活中，我们要多接触一些优秀的人，因为在这些人的身上，我们总能得到一些成功的经验，而这些经验总是能够启发我们，对我们的生活和工作有一定的指引作用。在学习借鉴的过程中，我们不能害怕失败，要敢于尝试；不能仅仅停留在观望状态，而是要勇于实践起来。有这么好的榜样在前，为你积累这么多的经验，你只要参考他们，并结合自身的特点，付出努力，相信你一定会有所收获的。

第二节　兴趣为引，找到隐藏在深处的潜能

潜力挖掘可以理解为，我们并不知道自身具备这种潜能，不知道这种潜能还能为我们带来工作以外的收入。在工作遇到"瓶颈"或者上升无望的情况下，我们会对自己产生一种无奈感，从而否定自己，不知道自己还有什么潜能可以帮助自己开辟出一条新的出路，来提升自己的生活品质和增加一份额外收入。此时我们不妨从兴趣着手，从自身的兴趣出发，探索出适合自己的副业。

Lisa 是一位线下女装店老板，她的服装店开在一个二线城市。近年来，由于受到直播带货和短视频带货的冲击，她的生意不如之前那么红

火，但是也能维持生计。因为平时店里不是特别忙，她有很多的空闲时间，于是她想找一个合适的副业，想了半天，发现自己很喜欢化妆，于是她就在美容店做兼职。后来，她积攒了很多客户，成了一名真正的化妆师。

Lisa 的副业——化妆师，就是由兴趣深挖自己的潜能，从而探索出副业的例子。

我们每个人身上都有潜在的能力，只是我们自己不知道，但是我们可以从兴趣入手，因为你的兴趣中往往隐藏着与兴趣相关联的副业。

比如阅读，可以关联到阅读分享、图书领读、音频朗读、阅读直播、图书管理员等职业。

比如写作，可以关联到编辑、微信公众号写手、专栏作家、课程编写、书评人、小说家等职业。

比如看电影，可以关联到影院工作人员、影评人、剪辑师、配音师、编剧、灯光师、摄像等。

文杰是一名销售人员，经常与各种各样的人打交道，很会与人沟通。在工作过程中，他发现经常会与客户聊到吃这个话题，并且他本人对吃这件事情也非常感兴趣，于是他开始研究营养学，并陆续考取了营养师、健康管理师等证书。

文杰学习了3年的营养师方面的知识，后来又通过营养师接触到心理咨询师这方面的知识，并对此非常感兴趣。他发现，现代人的生活压力很大，很多人面临着心理健康的问题。他想，如果自己成为一名合格的心理咨询师，就可以帮助很多人回归正常生活。经过一番认真学习后，他发现心理咨询师是一门技能，虽然可以帮助别人走出心理困境，但是需要有心理咨询师证书。于是他努力学习，考取了心理咨询师证书。

因为做销售，文杰认识了很多客户，在这些客户当中就有人有心理方面的问题。因此，他利用自己学习到的知识在闲暇时间做心理咨询师，也逐渐摸索出一条副业之路。

文杰从学习营养师出发，辗转发现了"帮别人解决心理问题"这个兴趣，并经过学习，多了一项心理咨询的技能，探索出心理咨询师这个职业；接着参与专业认证培训，考取了相应的资格证书，并在自己正业的客户中挖掘出了很多的人作为副业的客户。

迟佳是石家庄一家医药企业的一名文职人员，业余时间她特别爱做家务，把家里打理得井井有条。鞋子、衣服、化妆品如何分类，绸子衣服怎么打理，毛制衣服怎么打理，她都能说得头头是道。但是，很多人由于没有时间或者对做家务一窍不通，常常把家里搞得一团糟。

迟佳在生下孩子后，由于房贷、车贷、孩子的教育费用等压得她喘不过气来，同时为了多分担一些家庭的经济压力，她开始帮助一些家庭打理家务。这种家务与打扫卫生有所区别。她是将一些衣服或者家庭用品进行分类，然后进行合理规划，从而给房间腾出更多的空间，不会让家庭日用品占据房间太多的空间，也不会让家里显得过于凌乱。

为了让自己更专业，迟佳还考取了家政服务的认证书，这样可以让大家更加信任她。

考取了资格证书以后，迟佳就在一家家政公司找了一份兼职工作。只在周末时去雇主家工作，往往半天或者一天就可以完成一份工作。因为她特别擅长规划和打理家务，并且乐在其中，所以她并不觉得辛苦，她觉得能利用自己的兴趣发展出一份职业是很值得开心的一件事，因为她既可以干自己喜欢的事，又能赚钱，一举两得。

迟佳从愿意做家务这个兴趣出发，挖掘出了家政上门服务这个副业，同时通过考取专业的家政服务证书，把兴趣发展成了专业技能。

文杰和迟佳的例子告诉我们，只要我们愿意花心思和时间去钻研，兴趣是可以有效转化为专业技能的，能够让我们多一项傍身的能力。潜能是需要挖掘的，每个人身上都有潜在的能力，从兴趣入手，也许会把你的潜能转化为一种专业的技能，开阔你的视野。

第三节　善用标签，给自己的优势加分

标签就是一种让你区别于他人的身份认证。这个标签会帮你树立一个正面、积极的形象，有利于你给别人留下良好的印象，更有利于别人记住你。这些标签都是你的加分项，对你探索副业很有帮助。

我们每个人都有不同的身份，我们要善于利用这个身份标签把自己营销出去，让别人通过这些标签更好地认识我们，进而扩大自己的影响力，为自己带来更多的可能性。

"年糕妈妈"最初是一名全职妈妈，为了更加科学地育儿，她经常查阅一些专业书籍，依靠这些科学知识来养育孩子。为了把自己育儿经验更多地分享给新手妈妈们，她在2014年创办了自己的微信公众号，起

名"年糕妈妈"。在微信公众号上,她经常向大家分享0~6岁宝宝的喂养护理知识、育儿知识等,凡是自己带娃遇到的和粉丝留言遇到的问题,她都会将自己的解决方法写出来供大家参考。那么大家为什么这么信任她呢?原因之一就是她有着一个非常显眼的标签——浙江大学医学硕士。一个名牌大学的医学硕士写出来的与医学相关的文章,可信度就非常高。当然我们不是搞学历歧视,但是医学硕士这个标签的确让人更加信服。

虽然一开始"年糕妈妈"只是以微信公众号写手的身份被大家熟知,但是随着粉丝越来越多,"年糕妈妈"开始进行团购项目,其首次团购的销售额就达百万元,成功引起了资本市场的注意,并获得青睐。于是"年糕妈妈"创建了电商平台,从最初的团购单一产品慢慢扩建到上百种的母婴商品。除此之外,还有很多跨境产品授予"年糕妈妈"独家代理权。

从这个例子中我们不难看出,标签不仅可以给你带来更多的便利,还可以提升你的知名度。一开始,创办微信公众号写文章只是"年糕妈妈"的一个副业选择,只是让自己多一份收入。但是慢慢地随着这个副业的壮大,她也渐渐把这个副业转化为自己的主业。

我们每个人有着多重身份,也就会有很多标签。我们可以把这些标签进行分类，从身份标签、能力标签、专业标签三个角度出发，对自己有一个清晰的定位。

1. 身份标签

身份标签是指你都有哪些身份，如果是一名女性，她的身份就有妻子、妈妈、女儿、朋友的闺蜜等，这些都是身份标签。那我们该如何利用这些身份标签为自己"吸金"呢？

"年糕妈妈"就是利用妈妈这个身份标签为自己找到了一个合适的副业。当然这个身份标签需要你进行分析，因为这个标签的背后必须是有市场需求的。比如，大家都在学习怎么做一个好妈妈，那么妈妈这个身份标签可以为你带来一定的职业选择。

"年糕妈妈"在微信公众号里教新手妈妈如何科学喂养宝宝，并把自己的一些育儿心得和育儿经验分享给大家，让大家看到一个更加真实的妈妈，让大家可以学习和借鉴，甚至找到共鸣。其实，妈妈是很多女性会有的一个身份，如果你也是一个妈妈，你可以思考一下在妈妈这个身份标签上可以衍生出哪些职业选择；你是否想在妈妈这个身份标签上开启自己的副业之旅。

其实，妈妈这个身份标签可以衍生出很多的职业选择，如育儿师、培训讲师、幼儿教师、母婴店店员、微信公众号写手等，具体职业选择如图2-1所示：

```
妈妈身份标签  ⇒   育儿师
                培训讲师
                幼儿教师
                母婴店店员
                母婴用品微商
                出版育儿书籍
                录制讲故事音频
                微信公众号写手
```

图2-1　妈妈身份标签衍生出的职业选择

妈妈这个身份标签可以衍生出很多职业。如果你也是一名妈妈，你可以从这个图里获得一定的灵感，找到一份适合自己的职业。

妈妈这个身份标签可以吸引很多同类身份的人，更有利于你做好相关职业。比如你推销一款儿童线上课程，很多朋友看到你家孩子在学习并有一定的成效，就会主动向你咨询，在这个过程中，她就会成为你的客户。因为你自用了你推销的课程，朋友们更容易相信，也因此打开了你的销路。

所以，我们要给自己贴上身份标签，从这个标签里去探寻适合自己的副业。

2. 能力标签

能力标签就是指你具备的能力，而这些能力能吸引别人的注意力。

姚强在青岛的一家4S店做销售员，他在这家店工作了6年，对汽车的构造、零件、运行情况都非常得了解，对于这款车哪里好，为什么好；那款车哪里不好，为什么不好，都能分析得头头是道。有的朋友提新车时会叫上他，请他帮忙验车，他都非常热情地帮忙，即使朋友没有买他销售的车，他也非常高兴，他前前后后帮助了好多朋友，并受到朋友们的好评。

后来由于经济压力，姚强想做副业赚一些钱来贴补家用，以提升家人们的生活水平。他觉得自己的能力就是跟车有关，但是，造车需要全职；开车赚钱少，又很辛苦；汽车保养需要投入很大成本；自己不会维修；洗车这个工作自己又不想干。思来想去，就剩下给车做评估这一工作了。他想到现在很多二手车平台广告做得很好，也有很大的市场需求量。但是二手车容易出问题，不是人人都懂得怎么验车的，如果一旦买了有问题的二手车，吃亏上当或者出事故就晚了。既然这个行业有需求，自己又有这个能力，那自己可以做二手车的测评师。于是，他将目标锁定在二手车评估这个方向上，系统学习了汽车的专业知识，考取了二手车鉴定评估师资格证书，然后帮别人验车。

由于自己之前积累了很多客户，所以在自己拿到二手车鉴定评估师资格证书后，姚强就开始真正帮客户们测评二手车了。在这个行业，他充分展现了自己的测评能力，认真又专业，受到了客户的一致好评。

凭借自己在副业上取得的成就，他的副业收入甚至超过了主业。

当我们向别人展示自己某方面的能力时,就要给自己的这个能力贴上标签,让别人另眼相看。但是这种能力往往不是显性的,需要你自己去挖掘。给自己的能力贴上标签,在别人遇到相关问题时,别人第一时间就会想到你。所以,我们不要吝啬向别人展示我们所具备的能力,说不准这个能力就能为你带来一条财富之路。

3. 专业标签

如果你在某领域里有着高于他人的专业水平,那么你就要给自己的专业贴上标签。如果你的副业是销售产品,你就要把自己的专业水平充分展现出来,以此烘托你所销售的产品。在销售产品时,要注意进行自我包装,或者包装自己的产品。

双双是一名美容师,在一家美容院上班。一次偶然的机会,她接触了"芳香世家"这个产品,并开始了自己的微商之路。为了更好地销售产品,双双给自己的产品贴上了"专业美容师推荐"的标签,这个标签大大增加了产品的说服力。因为双双本身是一名专业的美容师,接触过形形色色的护肤品,在对比了其他产品的效果后,更加清楚这款产品的优势。她每天都会在朋友圈发自己使用该产品的图片,加上用后和用前的对比照,增强了产品的说服力,让大家不知不觉就爱上了她的产品。

给产品贴标签可以增加产品的说服力,让标签为你的产品锦上添花。

无论是哪种标签,都不要怕它不够好,只要平时注重打造优势标签,并在之后不断完善它,标签就会逐渐丰富起来。

这些标签是能够帮助你探索副业、帮助你"吸金"的,在平时的生活和工作中,我们要善于打造属于自己的多重优势标签。

实践环节:

自我盘点,列出你的3种优势。

1. _____

2. _____

3. _____

第三章
变现秘籍，副业赚钱的六大模式

第一节　迎击用户痛点，提供创意服务

创意型副业是当前引领时代生产力发展潮流的副业模式，只要你有一个点子，你就可以为用户提供创意服务，为自己探索出一条副业之路。

在当今这个时代，要想把创意发挥到极致，就要以用户的需求为核心、与用户充分互动、把产品做到极致，这才是创意型副业的价值所在。而创意型副业多与互联网有一定的关联，因为互联网让我们与客户之间的沟通和交流更加便捷。

为了更好地实现创意型副业变现，我们该如何利用创意型副业为用户提供更好的创意服务呢？

1. 挖掘用户需求

创意型副业无论是产品创新、技术创新还是服务创新，最终的创新成果都要服务于用户和消费者。因此，创新不能徒有其表，只停留在表面层次上，要真正地帮用户和消费者解决需求问题，否则就无法探索出一条副业之路。

杨敏是一家外企的财务分析师,生完孩子后,她想为孩子买一份保险。由于保险种类繁多、保单复杂,为了买到合适的保险,她开始学习各种保险知识。

学习了一段时间之后,杨敏发现,保险在国内正处于蓬勃发展的阶段,未来很有发展前景。因为她的学习能力很强,又有一定的理财知识,于是就把自己了解到的知识分享在一个宝妈群里,和大家一起讨论。

后来她就选择了一家保险公司,为女儿买了保险。

在购买保险的过程中,杨敏从保险代理人那里知道,保险代理人还可以兼职,不用坐班,只要有订单就可以拿提成。她觉得这是自己做副业的一个机会,于是她利用周末的时间在这家公司参加了一段时间的培训,并办理了兼职手续。

杨敏把自己购买保险产品的思路和自己搭配出来的产品方案分享到宝妈群里,有些宝妈很感兴趣,就主动向她咨询。杨敏就借此机会向大家公布了自己做了保险代理的消息,并说如果大家有意向购买,可以找她下单。由于大家都很信任她,杨敏得到了很多的订单。购买杨敏推荐的保险产品的人也会推荐身边的朋友来找杨敏购买保险产品,于是杨敏的订单越来越增多,其副业也经营得有声有色。

可见，要想把自己的创意变现，就要回归用户的需求，即从用户需求的角度出发，探索自己的副业。

那么，我们该如何挖掘用户需求呢？挖掘需求有以下三种方式。

（1）善于观察总结

在与身边的人聊天时，我们可以从聊天内容中挖掘出他们的需求。有些人会直接说出自己最近需要什么，有些人则不会直接表达出来，但也可以从他的话语里听出一些隐藏的内在需求。

（2）问卷调查

自己在决定做某项副业之前，可以通过问卷调查的方式，对身边或者小区里的人员进行调查，问一问他们在工作或者生活中有什么不满的地方或者想得到一些什么样的改变，从而从这些调查问卷中寻找用户需求。

（3）电话访谈

通过电话访谈的形式，对社群里的成员进行调查。在电话访谈里，可以针对某一特定问题对这些特定群体进行询问，从而找出其特定需求。

2. 直击用户痛点

创新非常重要，但是如果你的想法不能满足用户需求，就算你的想法再有创意，你的产品和服务再有创新，其也不会为你带来一条顺利的副业之路，最终只能让你的副业早早夭折。所以，你的创意要迎合用户需求，要直击用户痛点，只有这样，你的副业之路才能走得更加顺畅。

麦子工作两年多了，现在在北京一家英语教育机构做老师，收入的计算方式是"底薪+提成"。麦子的职位底薪是4500元，提高收入的唯一途径是提高提成，也就是课时费。课排得越多，他能拿到的课时费就越多。

一般情况下，麦子能拿到6500元左右；情况比较好时，他的收入可以达到8000元。平均下来，他每个月的收入不足7000元。这样的收入，去除房租、水电费、网费、话费、交通费、餐费后便所剩无几，所以他急需做出改变以提升自己的生活水平。

但是作为一名老师，唯一的提升方法就是多上课，这样他的提成才能多。然而，即便麦子足够优秀，课全部排满，其收入也是有限的。

麦子想过跳槽，找份收入更高的工作，但他思来想去，自己最大的优势就是讲课，转行到别的行业不太现实。经过深思熟虑，麦子做出了选择，即依然认真做好本职工作，利用业余时间做点儿别的事情来提升收入。

在这家教育机构任职期间，麦子发现很多同学对自己的学习没有一个长远的规划。于是他萌生了一个想法：成为一名规划师，帮助有需求的学生做学习规划。于是他就进行了进一步的调查，即在课间的时候跟这些学生家长聊天，问家长有没有这方面的需求。没想到很多家长都表示自己对孩子的学习情况不是很了解，而且对孩子的学习计划没有一个长远的规划。有了这些基本的了解，麦子下定决心要做一名学习规划师。于是麦子利用自己的业余时间，在线为学生和学生的家长答疑解惑，并结合每个学生的学习情况，为每个有需求的学生制定出了符合他们自身情况的学习规划表。这样，一个学生就能收取500元的费用，这让麦子的收入一下子提升了很多。

案例中的麦子就是迎合用户的痛点进行了创新，搞出了一个"学习规划"的点子，迎合了用户的心理需求。此案例带给我们的启示是：有些职业本身收入的天花板较低，可是跳出这个职业，转换一下思维，创造出一些新鲜创意，然后用这些创意去探索副业，从而满足我们日益增长的生活需求。

3. 打造极致体验

所谓打造极致体验就是打造能够超出用户预期、同领域专业人所不具备的产品或服务，让用户获得最大的体验满足感。

世界上任何事情都是没有最好的，只有更好的。现如今，人们更加注重产品或服务带给自己的体验，体验感越好，人们越愿意付费购买。

能够打造出极致的产品或者服务，是通过与别人的对比而逐渐实现的。没有对比，就不会显现出你的优点在哪里，你就不知道自己在哪些方面还需要改进。

小文是一名图书编辑，每天过着朝九晚五的生活。他的收入每个月都是固定的，没有额外的奖金，一年到头，去除房租和日常开销，也攒不下多少钱。但是眼看着北京的房价噌噌上涨，他也想离开这个地方，回到自己的家乡牡丹江。但是回到自己的家乡，收入会更低，所以他一直没有下定决心回去。既然回不去，就要努力在这个城市扎下根来。

因为喜欢宠物，他就养了一条拉布拉多犬。一次在小区里遛狗，他碰到一个也在遛狗的青年。青年抱怨自己经常加班，没有时间遛狗，狗在家又憋得慌，而自己又舍不得把狗送人。听了青年的抱怨之后，小文萌生了一个想法，自己每天4点多就下班了，有很多空闲的时间，不如把时间用来帮助有需要遛狗但没有时间的人来遛狗，这样还能多一笔收入。于是他把自己的想法跟青年说了一下，青年立马就答应了，还说帮他介绍一些养狗但没有时间遛狗的人。小文建了一个群，把有需求的人都拉到群里。小文不光遛狗，还经常给狗的主人推荐一些好的狗粮和狗狗的喂养知识。慢慢地，他与这些狗的主人越来越熟悉，大家有什么养狗方面的难题都来找他咨询。小文发现自己在养狗方面积累了越来越多的知识，干脆就自己开一家宠物店。于是他向家里借了一些钱，盘下了一个店铺开起了宠物店。由于之前认识了很多狗主人，他的宠物店生意非常好。很多客户说，他们都愿意来小文的宠物店，因为小文总是有办法让他们的狗狗配合做发型、洗澡、剪指甲，而其他宠物店有时候就会搞不定自己的狗狗。

因为小文给客户们带来了极致的体验，客户们都愿意来小文的店里给狗狗做养护。和其他宠物店相对比，他的店铺更能够吸引用户。这就是给用户带来极致体验以后，发展出来的一条副业之路。

第二节　发挥自身优势，开发相关产品

开发产品模式是副业赚钱中的一种，很多人在探寻自己的副业之路时会选择这样一条路。那么我们该如何开发产品呢？

1. 利用自己的专业技能

每个人都有自己独特的专业技能和知识领域，而利用这些专业技能开发产品，能够将个人的专业知识和经验转化为具有实际应用价值的产品，不仅能够满足市场需求，还能提高个人收入。

晨晨大学毕业后进入北京一家软件开发公司做程序员，负责设计一些软件测试产品。

工作5年后，晨晨发现自己的薪水与一线互联网公司程序员的薪水有很大差距，并粗略估计，未来三五年内自己很难有大的上升空间。北京的房价、消费水平增长速度越来越快，这令他感到重重压力。

因此，晨晨觉得自己得利用闲暇时间找一个副业，来提升自己的收入水平。在对自己所在的行业进行了深入的研究后，晨晨觉得多研发一些软件测试类产品是一条出路。其虽然小众，但是很多公司或者个人都有这方面的需求，所以他决定好好研究一下这方面的产品。

于是，晨晨觉得自己必须花几年时间全面学习SOL技术，研究行业产品，挖掘用户体验方面的痛点，以设计出便捷实用的测试组件，帮助行业内的中小厂商开发出一些好用的产品。

从那时起，晨晨把自己所有的业余时间和精力都投入SQL技术的钻研上。编程技术需要在电脑上不断调试、实践才能有所提高。于是他经常在公司加班，每次别人下班回家了，他还在公司里进行设计和开发，反复调试产品，每天都会工作到很晚。即便是周六日也会雷打不动地去公司设计产品。

这种高强度的学习和研究，他坚持了2年，难以想象他在这背后付出的时间和精力。当然，功夫不负有心人，他设计开发的几十款测试软件深受用户的喜欢。

因为工作的缘故，他还设计了主要介绍产品的PPT和产品的营销方案，这样用户就可以通过PPT和营销方案来了解他的产品，并熟悉产品的使用方法。

之后，他经常在知乎、简书、今日头条、CSDN等网站发文章和技术帖，并在文章末尾留下了QQ号等联系方式。

慢慢地，有很多人通过QQ号联系上了他，并表示看了他发表的文章后，对他的产品非常感兴趣，想要购买他开发的产品。这样一来，他的收入有了大大的提升。而且这种收益是持续不断的，因为每隔一段时间就会有人找他购买产品。

案例中，晨晨利用自己的业余时间，结合工作中积累的知识、技能和经验，研发出了属于自己的产品，踏踏实实地、一步一个脚印地走出了属于自己的副业之路。现在他每个月在副业上的收入已经远远超过了他的主业收入。

副业不仅给晨晨带来了额外的收入，帮他在北京站稳了脚跟，还提升了他的技术水平，增加了他在本职工作中的竞争优势。

2. 利用自己的兴趣

利用自己的兴趣做副业可以让你在享受乐趣的同时创造收入。

小文在一个二线城市上班，每天早上8∶30上班，下午4∶30下班，有很多闲暇时间。平时没事的时候，他就爱设计一些木制小物件。因为小文的舅舅是个木工，所以小文经常去舅舅那里拿一些木头回来，然后自己开始制作手工艺品。小文经常会把自己制作产品的过程发到网上，没想到引来了很多网友的关注，大家看过视频后，纷纷表示喜欢，并给他留言，表示希望能够购买他制作出来的手工艺品。于是小文在抖音上开通了自己的账号，也开通了商品橱窗，并把自己做的手工艺品放到商品橱窗里。他还会根据粉丝的留言做一些私人定制，只要是粉丝提出来的创意，他就会采纳。久而久之，小文的手艺越来越好，收获的粉丝也越来越多，随之而来的订单也越来越多。

渐渐地，小文成立了自己的工作室，并把视频的运营工作交给团队打理，自己只负责设计和制作产品。

以上是产品开发的两种副业模式，从这两个案例中，我们可以看出，做副业的好处有很多。副业可以为我们带来更多的收入，重构我们的收入模式，让我们有合理的收入结构，可以更好地抵御风险。同时，因为副业可以接触到不同的圈层，所以我们能够看到更多的关于未来的可能性。

副业模式有很多种，我们要学会分析和研究，在现有的资源优势里找到属于自己的副业之路。

我们要时刻保持一种最理想的状态，不断提升自己的认知，进而不断地做出正确的选择，然后去思考哪些是需要我们重点去做的事情。我们要养成勤思考的习惯，多去思考为什么要这么做，这么做到底对不对。

没有人是随随便便成功的，案例中的晨晨和小文都是利用好了自己业余时间的每一分每一秒，全力拼搏，才把自己的副业经营得风生水起。因此，一旦我们确定了要努力的方向，就要全力以赴。

第三节　从事内容生产，实现知识变现

现在是一个知识付费的时代，我们可以利用自己的专业知识去帮助更多的人获取知识，从而在知识的节点上获利。

知识付费主要是将知识转换为产品或者服务，进而获得一定的收益。即用户花钱购买有价值的信息。这种模式有利于用户获得更有价值的信息，帮助其提升某专业领域的技能，同时还能激励更多的用户产出优质内容。

1. 版权付费

版权付费就是利用自身资源与经验写作、出版书籍，以售卖书籍盈利的一种方式，是一种高端的收益方式。版权付费对作者的素质和文字功底的要求比较高，但会为其带来长期利润和整体收益。

出版书籍可以通过版税获得高额收益，而且是长期的收益，这是一种性价比很高的模式，但是创作过程会相对辛苦一些，比较耗费心力。

张洁是某大学经济管理系的一名老师，因为学校每周的课是有限的，所以她有大量的闲暇时间。为了让自己的闲暇时间过得更加丰富多彩，她决定把自己对当下比较流行的社交电商的认识写成一本书，同时提高自己的经济收入。

因为张洁经常研究当下的经济趋势，所以对这方面的内容比较了解。于是她拿出当时写论文的精神，先列出选题，然后对当下有关社交电商的畅销书做了研究，发现这类书籍还是很有市场的，很多书都有很高的销量，在某电商平台的评论量也很高。

另外，她还通过朋友联系出版社，把选题报了上去。经过出版社的讨论，选题最终通过了，于是她开始写这本书。经过两个月的时间，她终于完成了这本书。这本书一经上市就获得了几十万册的销量。

这本书累计给她带来了6万元的版税收入，后续还会有持续收入，只要这本书有销量，出版社就会根据合同付给她相应的版税。

可见，这种版权付费形式是一种长效的收益，能够给张洁带来很大的经济效益。

2. 付费社群

经过几年的发展，付费社群这种商业模式已经发展得非常成熟。经营付费社群不需要耗费太多时间，只需利用工作之余的闲暇时间即可。

付费社群就是把自己的知识和经验变成了一个可持续售卖的产品的一种营销模式，我们可以把这种模式作为一种副业选择，这种模式非常适合积累了较多知识、技能和经验的知识工作者。

这类社群主要以售卖专业知识和技能为主，用户通过付费获得自己想要的知识和技能。而专业的知识或者技能就是付费社群的价值所在。

王军是一家星级酒店的大厨，有着高级厨师证，在这个行业干了有十年的时间。由于肩负着车贷、房贷，加上孩子的开销日渐增大，他想提高自己的收入。他想自己是一名厨师，别的行业自己也不懂，只能干老本行。但是目前，自己的薪水基本达到了峰值，很难再有上升空间。那么自己只能做跟厨师有关的副业。

因为王军特别热爱做菜，总希望能和喜欢做菜的人进行深入的讨论，同时他又希望将自己的一些做菜技巧传授给更多的人。于是，他建立了一个QQ社群。最初为了吸引用户，他设置了免费进群的规则。他把餐厅里的很多客户都吸引进来，免费教授大家做他们爱吃的几道菜。大家在这里学会了很多菜肴，便纷纷把自己的朋友介绍进社群。在社群成员达到100人的时候，王军设置了收费进群的规则。成员每个月付费20元，然后他每周在QQ群里教大家做一道菜。平时群成员还会在群里交流一些做菜心得等。他把最初的一些骨干成员设为社群管理员，他平时在群里话不多，主要靠骨干成员搞气氛。他偶尔会在群里点评成员的菜式、做菜流程等。经过一段时间的运营，他的社群成员达到了1000人，每个月靠社群收入就能收获2万元。

这个收入已经完全超过了他的主业收入，这让他颇为高兴。所以，他很努力地经营着这个社群，也会非常专业地点评社群成员的菜式。社群里还有很多人是专业厨师，经过王军的点拨，他们在厨艺方面有了很大的进步，这些都是在其他地方学不到的。

可见，利用付费社群这个模式作为副业是王军非常明智的选择。他通过付费社群这种模式向社群成员输出专业的技能，受到了社群成员的喜爱，也找到了自己的副业之路。

3. 付费课程

在知识经济时代，付费课程深受很多人的喜欢。因为这种课程往往有着较为全面的、系统的、专业的知识体系，它能够满足某个领域人们提升自我认知和技能的需求。

付费课程往往是某领域的专业人士对某方面知识的积累和经验的总结，非常实用，对自己提升专业技能非常有帮助，因此很多人都会付费购买。

小雪是某企业的产品经理，负责产品开发的运营和推广。因为平时总是和客户打交道，要写很多的广告文案，因此小雪在写文案这方面积累了很多的经验。

虽然产品经理平时的工作已经非常忙碌了，但是为了家里人能够拥有更好的生活，同时提升自己的经济收入。小雪还是想找一个适合自己的副业，来改善自己的收入结构。

思来想去，小雪觉得自己平时接触的广告文案最多，也经常写一些广告文案，因此在这方面有很多的经验和心得，并且自己平时又做笔记，对于如何写广告文案有着系统的记录。当然这样还不够，小雪还买了很多这方面的专业书籍，开始认真钻研。经过半年专业、系统的学习，小雪把理论知识与自己的实战经验做成了一套课程。为了推广自己的这套课程，她在知乎、简书、今日头条、微博、抖音、快手等社交平台发布课程相关信息，与留言的用户进行互动。小雪还把这些课程推广写成文章、录制成视频，在这些社交平台疯狂推广。

文章末尾她会留下QQ号，视频下方她会留下微信二维码，方便用户联系上她。

在经过一段时间的推广之后，小雪招募到了约200个学员。她把这些人都拉进一个微信群里，并开始准备付费课程的培训。长达3个月的课程培训结束了，学员们的反馈非常好，并主动给小雪介绍新的用户。这让小雪非常高兴，她没想到自己的这套课程这么受欢迎，这也加大了她继续推广自己这套课程的信心。

第一期的课程培训让小雪赚到了10万元，让小雪尝到了副业的甜头，于是她更加努力地去经营自己的副业。

从上面这三种形式里我们看到，知识付费是当下非常流行的一种模式，受到很多人的欢迎。这种副业模式不会占用你太多的时间，但是要在准备前期付出大量的心血，即在课程设置初期或者社群建立初期要花费大量的时间来运营。但这些体系建立以后就会相应轻松一些。

如果你也有一些专业知识想与大家分享，不妨试一试上面提到的三种副业模式。

第四节　善用社交平台，从中赚取佣金

分销是当下非常流行的一种销售模式，不管在哪个行业领域里，都有很多人靠分销这种销售模式来提升产品或者服务的销量，并从中赚取佣金。很多电商创业者会建立分销商城作为一种销售渠道的拓展方式，因为这样可以提高自己的收益。

这种销售模式源于新媒体媒介的迅猛发展，其可以增强用户的黏性，比如微信、微博等社交平台都成为分销的重要载体。

分销这种模式同样可以作为很多人副业的选项之一。在互联网时代，分销是一种只要利用碎片化时间就可以做的职业，它不会占用你太多的时间，你只需利用好碎片化的时间就能转发一些文案到朋友圈，只要你坚持下去，就能够有所收获。

那么，分销模式分为哪几种呢？

1. 无形服务分销

无形服务包括很多种，比如教育服务、健康服务等，而我们可以把

这些服务通过分销渠道给到最终的用户，并以此赚取佣金。

邓超毕业五年了，一直在一家图书公司做编辑，每个月都是固定收入，职位底薪不到5000元，提高收入的唯一途径就是多审稿，增加审稿字数。效率高的月份他能拿到7000元，但去除房租、水电费、网费、话费、交通费、餐费后便所剩无几了。邓超的生活算是比较窘迫的，他特别想改善一下自己的生活质量。

他在想，自己在这个工作中还有没有晋升空间。经过思考过后，他发现他在短时间内很难做到编辑部主任的位置。但如果换一份不同领域的工作，那么就意味着从头开始，很多知识都要重新学习，而新岗位给的工资也不会太高。因为自己没有其他方面的工作经验，所以自己也没有重新开启一份新职业的信心。

在自己的本职工作上，如果他每个月加班的话，加上周末，最多也就能拿到8000元，能攒下的钱还是寥寥无几。即使每个月都按最高预算拿到8000元的工资，年薪也不会超过10万元。也就是说，10万元就是他在编辑这个岗位上的收入天花板。

在物价和房价噌噌上涨的年代，他要想靠自己的收入买房付首付，是一件很难的事情。

思来想去，邓超还是觉得应该先把本职工作干好，如果有其他好的机会，自己再行动也不晚。

于是，邓超依旧每天努力地工作，兢兢业业，努力地审稿，争取提高审稿的字数，这样月底的工资就会多一些。

一次偶然的机会，邓超在自己的朋友圈看到一个朋友在推销教育课程，他就发了条信息给这个朋友，问他推销这个课程挣钱吗？挣钱的模式是什么样的？这个朋友告诉邓超他在分销课程，每推出去一个课程，就可以赚取10%～30%的佣金。这事听起来感觉还挺靠谱的，是一个利用碎片时间，又不用投入什么资金就可以有回报的一个职业。

经过深思熟虑，邓超决定跟着这个朋友一起推销这个课程。有了朋友的成功经验，再加上邓超自己的努力，邓超很快便学会了怎么编写一些吸引人眼球的营销方案，在什么时间发朋友圈，如何建立自己的客户群，怎么精准锁定目标用户等。

起初，邓超只有一个微信号，为了做好这个分销课程，他又注册了一个微信号。他平时就不停地加人，两个微信号累积有几千个好友。做分销最重要的就是让更多的人看到你的课程，只有这样，才会提高你的交易成功率，而这些都是做分销必须做的事情。经过3个月的努力，邓超通过分销课程收入了8万元，赶上了他一年的收入。通过分销课程，邓超看到了希望，他觉得只要自己努力，还可以赚到更多的钱。因此，他更加坚定要在副业这条路上闯出一条路来。

从案例中我们可以看出来，邓超本职工作的收入很难有大幅增长，其在短时间内也得不到晋升。这样，他的收入去除日常开销便所剩无几，根本攒不下钱，他也无法达成自己的愿望。在这种情况下，他开始探索副业。

在一次偶然的机会中，邓超接触到课程分销，并在朋友的带领下赚到了一笔钱。因为是分销模式，所以不会占用他太多的时间，他只需利用碎片化时间就可以完成。这样不仅不会影响他的主业，还能提高他的收入。

2. 有形产品分销

有形产品分销，顾名思义就是利用分销这种销售模式来推销有形产品。当然有形产品分销与课程分销一样，都不会占用你大量的时间，都是利用碎片化时间就能够完成。

分销里还包括一级分销、二级分销、三级分销等模式。这里我们主要介绍二级分销。

所谓二级分销就是分销员 A 邀请 B 成为店铺分销员，B 成为 A 的下家，当 B 促成一笔订单时，B 可以获得佣金奖励，A 可以获得邀请奖励。

小哲有着稳定的工作，平时上班时间比较早，下班时间也比较早。但是她的收入是有限的，每个月就是那几千元的固定收入。

最近小哲刚刚生了二宝，压力也随之而来。在休了4个月的产假之后，她就赶紧回到单位上班了。

一次偶然的机会，她看到朋友圈里有个朋友在推销面膜，她就向朋友咨询。朋友告诉她做这个挺挣钱的，利用碎片时间就可以做推广宣传，短时间内就能获得收益。小哲听了以后心动了，经过一晚上的思考，她决定跟着朋友一起干。

朋友说："你花298元购买5盒面膜，就可以成为其分销员，这样，你在推荐朋友购买面膜时，就可以拿到相应的佣金。如果你推荐的朋友购买了5盒面膜，你就可以拿到100元的佣金，你的上级，也就是我，就可以拿到40元的佣金，而我的上级就没有佣金了。

成为分销员以后，如何把产品卖出去呢？答案就是免费赠送。

任何消费都可以免费领取一盒面膜，每个微信号限领一盒，但需要消费者自己出快递费。这样，如果客户用了体验还不错，其就有可能会复购，有些也会成为分销员。成为分销员以后，她们也有了送面膜的资格，这样慢慢地就会有更多的用户进行复购，有更多的用户成为分销员。"

在了解了分销规则以后，小哲就开始认真营销了，她经常在朋友圈晒自己使用面膜的图片，并会撰写一些令人心动的文案。在朋友的带领下，她的直属分销员越来越多，经过3个月的运营和推广，她挣到了5

万元。不仅如此，她的皮肤也越来越好了，很多人看见她都会问她用了什么化妆品，她就会借此机会向朋友们推荐。

小哲在副业这条路上，不仅有了经济收益，还让自己变得更加漂亮了，她更加觉得自己选择的这条副业之路是正确的，她决定要努力把这条路走好，并以此重构自己的收入结构、改善自己的家庭生活。

看来分销这种模式非常适合普罗大众，只要你有时间、有意愿、有方法，就能够把分销这个模式做好。

那么，我们用什么方法能找到更多的分销员、壮大自己的团队呢？

（1）主动分享

把自己的产品分享给身边的好朋友，让他们进行传播和分享。在用心分享好产品的同时，我们就会收获团队、财富。

（2）活动聚会

公司聚会、同学聚会等集体活动都是批量吸引粉丝的最佳机会。互相加个微信，把产品的优惠政策告诉他们，吸引他们加入。

（3）地推

利用闲暇时间，去公园、广场进行地推，扫二维码送小纪念品，吸引更多的陌生人加入。

第五节　巧用电商平台，建立属于自己的店铺

就当前发展来看，电商平台依旧是一个很好的就职平台。

在电商平台做副业，自然要依照电商平台的规章制度办事，不要触碰电商平台的底线，一旦触碰这个底线，就会带来降低等级、扣费等惩罚，甚至严重的情况下会让你"关门大吉"。

很多人都苦恼于自己每天朝九晚五的上班，而且必须通过劳动才能获得收入，不劳动就没有收入。为了获得这份稳定的收入，自己必须严格遵守单位的规章制度，如按时打卡、按需加班、有事请假等，这一系列要求让很多人都感到非常约束，感到无法掌控和支配自己的生活。

那么，我们可以为自己创造一些额外的收入，这样我们就不用担心被解雇，也不用担心经济停滞导致的收入下降和福利减少，就能把自己的日子过好、过踏实。

如果你也想多给自己创造一些增加收入的机会，你就要做一些选择。选择适合自己的副业，多创造一些额外收入，然后买自己想买的东西，

去自己想去的地方。这样的生活才是我们所追求的。

很多人就选择了电商作为自己的副业，以创造一些长线收入。

1. 微淘

微淘是手机淘宝内置于新版淘宝客户端的一款订阅服务，目的是为消费者提供更加细分化的产品和服务，让手机购物变得更加简单、便捷。换句话说，微淘是在现有淘宝店铺的基础上开通账号，借助微信、QQ、微博等平台对用户进行产品和服务宣传，让自己的粉丝看到并关注自己的账号，从而达到抢占无限流量、提升店铺转化率的目的。

美小护是一名三线城市的女装时尚品牌的培训经理，负责团队建设方面的培训工作。由于想改善自己的收入结构、提升自己的经济收入，她开始了自己的副业探索之旅，她尝试做过教育培训、运营推广等，但都没能成功，因为教育培训、运营推广都需要投入大量的精力和时间，而且目前她自己所具备的能力和经验也不足以干好这些事，其难度对她来说是比较大的。

由于自己接触的是女装，她就想自己是不是可以利用这个优势建立属于自己的店铺。于是她和自己的老公商量，说自己想开一家网店，这样可以多一份收入。而且店铺一旦走入正轨，就可以自动产生收入，无须像上班那样必须日复一日、持续不断地劳动。她老公觉得这件事靠谱，便支持她干。2018年,她在淘宝上建立了自己的店铺,决定经营女装。但是经过一年多的经营,她发现电商是流量生意,而淘宝流量太贵,她决定自己经营公众号、QQ群、网站、微信群等,构建属于自己的流量池,也就是建立私域流量池。为了提升店铺的销量,她同时建立了微淘店铺。

在微淘店铺建立以后,30分钟之内就有了一个客户,这让她更加有信心了。

2019年,她的店铺客流量已经比较稳定了,净收入都超过她的工资了。于是她更加努力地经营微淘店铺,同时她还想开一家实体店铺,把线上和线下联合起来。于是她利用自己的闲暇时间租房子、装修,连干3个月,终于大功告成。虽然她整个人瘦了一圈,但是她觉得很值,因为一切都在朝着更好的方向发展。

把这一切都做好后,她决定辞掉现在这份工作,专心经营自己的微淘店和线下实体店。在她的努力下,线上和线下店铺的结合效果非常好,线上和线下都有收益。

美小护通过开通微淘店铺提升了淘宝店铺的销量,还结合微信、QQ、微博等社交平台,建立了属于自己的私域流量池。一旦产品开始销售并获得较好的口碑,后面就会有源源不断的收入进账。

2. 微商

微商是近年来发展比较好的一种营销模式。微商生于互联网时代，存在于现代的每一个网络社交圈中。你总会在朋友圈、微博、QQ 空间等私人领域看到微商的存在。一个人、一部手机、一个圈子就可以做起营销。微商建立在熟人的基础上，从熟人这个圈子开始往外扩散是比较容易操作的一种副业模式。

在互联网时代，只要你抓住机会，站在时代的风口上，你就会有所收获。

歪猫姐在京东上班，是一个营销部门的经理。她平时的工作非常忙碌，总是有开不完的会、做不完的报表。她对这种生活感到疲惫，特别想要一种既能够赚很多钱还能够自由支配自己生活的事业。但是目前，跳槽并不能实现她的这个愿望，她只能继续把手头的工作做好，保证自己每个月能够拿到固定的薪水。

一次偶然的机会，她接触到一款减肥产品，经过三个月的试用，她成功减掉了 20 斤，整个人容光焕发。她把自己使用产品的前后对比照发到自己的朋友圈里，瞬间引起了大家的注意，纷纷问她用了什么产品。她就开始向朋友们推荐这款产品，慢慢地，找她购买产品的朋友越来越多。因为她看好这款产品，于是经过一番思考后，她果断辞职了，开始全心全意地经营这份事业，她用了一年的时间就挣到了100万元，不仅给自己换了一台新车，还实现了自己最初的愿望，不用朝九晚五地上班，想旅游时就去旅游，还收获了很多志同道合的好朋友。这些都是她以前想都不敢想的。在积累了一定的资金以后，为了让自己的伙伴们有一个开会相聚的地方，她开了一个线下实体店。经过不断地努力，店铺的规模也越做越大。

歪猫姐选择了微商作为自己的副业，最后微商事业越做越大，就开启了全职状态，但是这种全职状态跟上班族还不一样，她的上班时间非常灵活，不用全天坐班。

为了做好这份事业，她也付出了非常多的努力，平时努力钻研相关知识，经常会参加公司组织的线下培训活动。因为她有管理经验，在给新人培训时也充分发挥了她的管理能力。

以上是两种利用电商平台做副业的模式，如果你也想要一份比较自由的职业，可以参考这两种模式。当然，只有真正赚到钱了，你才能把现有的工作辞掉，全身心地经营你的微商事业。如果你的微商事业还没有太大的起色，每个月只有几千元的收入，那么你还是要兼顾好自己的主业，这样你的收入结构才会更加稳固。

第六节　自媒体营销，短视频与直播带货掀起变现高潮

当下，最火的自媒体营销模式无疑是短视频带货与直播带货。因为现在很多人在刷短视频，短视频平台有着巨大的流量，有流量就有收益。

之所以自媒体营销模式能够火爆，有以下四个原因：

第一，门槛低。无论草根还是明星，只要会上网，能够制作出有趣的短视频，就能够吸引粉丝、带来流量，就可以做自媒体营销。

第二，有更大、更自由的空间。无论唱歌、跳舞，还是搞笑幽默的内容，只要有一技之长都可以做自媒体营销。

第三，自媒体运作简单便捷、易上手。一部手机或者电脑，一些简单的直播设备就可以开直播，并且不受时间和地域限制。

第四，互动方便。传统行业与客户互动往往需要通过电话或线下见面的方式，既浪费时间又不方便。自媒体营销模式可以实现随时随地沟通，非常便利。

现在，我们来看看当下比较火爆的两种自媒体营销模式。

1. 短视频带货模式

短视频带货模式是当下比较流行的自媒体营销模式之一。随着手机的普及，人们利用自己的碎片时间，不停地刷着短视频。像抖音、快手等短视频的平台用户已经过亿了。有流量的地方，就有红利。很多人开始在短视频平台开启自己的变现之旅，同时有很多人把它作为副业的选项之一。

米泽妈妈是一家母婴公司的营养讲师，在这方面有着10多年的专业经验，积累了全面、专业的育儿知识，能讲、能写、能做咨询。

为了提高自己的收入，她想做一份副业，但她一时之间还没想好自己做什么副业比较好。她认为这个副业一定是自己能够胜任的、自己能够驾驭的，又不会与自己的主业发生冲突。

一次偶然的机会，她发现公司的年轻女同事在吃饭的时候会刷抖音，而且玩得非常入迷。她还发现她们会在抖音上买东西，她就想既然抖音这么火，自己是不是也可以在这上面开启自己的副业呢？

那么自己在抖音发布什么内容的视频呢？接下来，她并没有急着发布自己的短视频，而是先进行了一些研究。她买来了一些专业的书籍，通过书中讲述的内容了解了制作短视频的技巧和方法，比如如何发短视频才能吸引更多的粉丝。然后她去抖音上搜索了很多大V的视频，研究他们的内容。

最终她确定了视频的内容定位，视频内容是母婴营养知识类的内容。确定了短视频内容以后，她就开始录制短视频，录制好后还要配上音乐和后期剪辑。她发现这是一个很好玩的事情，自己又学习了一项新的技能。

因为自己在母婴营养讲师这个行业积累了10多年的经验，所以这些视频一经上传就吸引了很多新手妈妈的关注。为了引流变现，她在抖音上开通了商品橱窗，橱窗里的商品都在视频里提前进行了种草。很多用户通过她的视频，学到了很多非常实用的婴儿喂养知识，所以都非常信任她。因此她推荐的这些商品用户们自然也信得过，很多人在她的商品橱窗里下单购买。

通过抖音短视频带货，她一个月竟然赚了2万元。这让米泽妈妈非常高兴和兴奋，因为自己的付出和努力没有白费。于是她更加坚信自己选的这条副业之路没有错。积累了几十万的粉丝之后，米泽妈妈开始转变自己的方式，开始一周进行一次直播，给用户带去更多好的产品和福利。

从这个案例中我们发现，米泽妈妈选择了短视频带货作为自己的副业。经过探索和学习，她成功地利用短视频进行了带货，为自己带来了更多的额外收入。

2. 直播带货模式

直播带货模式是当下最流行的自媒体营销模式，它依托于社交平台或者电商平台，像抖音、快手、淘宝，都可以进行直播带货。只要你在这些平台开通自己的账号，就可以进行直播带货。

而直播带货可以在白天进行，也可以在晚上进行。因为很多看直播的人是在下班以后看的，所以直播带货完全可以作为一种副业。

可乐姐是一家化妆品公司的销售员，每个月都拿着底薪加提成的收入。其底薪有4500元，提成就看业绩，销售多的时候能拿到5000元的提成，少的时候只能拿到1000～2000元的提成，平均能拿到7000～8000元的收入。但是这样的收入在一个二线城市来说也不算多，因为可乐姐还想通过自己的努力在青岛这个城市买下一套属于自己的房子。

可乐姐想，通过什么样的方式才能让自己的收入增加呢？经过一番思考后，她认为副业是自己比较好的一个选择。那么做什么副业呢？可乐姐仔细思考，她想到，自己平时经常刷快手，也会在快手上买东西。那么自己可不可以也在快手上进行直播带货来提高自己的收入呢？自己做的就是销售这行，销售技巧是有的，就是需要熟悉直播带货的流程和方法。

于是她开始利用业余时间仔细研究一些大V的直播带货技巧和方式，并把这些记录下来形成自己的理解。直播带货也不是说带货就带货的，总要有一定的粉丝基础。于是她开始录制一些搞笑视频来吸引流量，经过长达半年的粉丝积累，她的快手账号积累了几十万的粉丝数量，她就开始在视频中向大家预告自己要直播的消息。第一场直播只有几千个粉丝观看，但是也带来了一定的销量。慢慢地，直播做多了，她就积累了一些经验，如怎样活跃直播间的气氛、怎样给粉丝发送福利、怎样提升产品的销量。渐渐地，她的一场直播下来能够获利几万元。

最初她给自己定的是一周做一场直播，随着人气的上涨，她开始一周做两场直播，并招聘了一个助理。现在她的直播带货收入逐渐稳定下来，每个月都有约十万元的收入。这也更加坚定了她的信心，让她更愿意在这条路上走下去。

上面这个案例是可乐姐通过直播带货开启了自己的副业之路，当然，一开始的时候，她也花了半年的时间去积累粉丝，为直播带货进行铺垫。

如果你还在寻找自己的副业之路，不妨考虑一下当下最为火热的自媒体营销模式，这种模式非常适合一些年轻人，因为年轻人更能玩得转自媒体，这种模式可以为他们带来更多的收益。

除了本章介绍的副业模式，还有很多副业形式可供大家选择，但是这些模式都是当下比较流行的副业模式，可以供正在探索和摸索副业的人参考。

实践环节：

列出你想的 3 种变现模式。

1. _____

2. _____

3. _____

第四章
善用能力,为你的副业赚钱添砖加瓦

第一节 职场能力,为你的副业赚钱续航

我们选择做副业是为了更好地改善自己的生活,改善自己的收入结构,为自己的生活增加一些抵御抗风险的筹码。我们要清楚,做副业是一个锦上添花的事。

很多人选择做副业会有辞职的想法,辞职不是不可以,但是你要想清楚,你是因为自己无法胜任现在的工作,还是觉得现在的工作无法满足你未来的发展。如果你因为想做副业就冲动地把现在的工作辞掉,那么这是一个非常不明智的选择。

因此一定要想清楚,自己到底为什么做副业。如果你的主业都一团糟,那么你的副业也不会进展得太顺利。

我们在职场上往往会锻炼出各方面的能力,你只要把自己在职场上锻炼出来的这个能力发挥出来,无论你将来从事什么工作,都能取得成功。

通常,我们在职场上会锻炼出各种能力,除了专业领域中的专业能

力，还有一些通用的能力。

1. 积累人脉的能力

我们是一个社会人，不是一个单独的个体。在工作中，我们常常会接触到形形色色的人，有的工作接触的人比较少；有的工作接触的人比较多，但是我们都要好好地与同事、客户相处，为自己以后的发展铺路。

小林是一名客户经理，每天都会接触很多客户。小林是一个性格外向的人，业务能力很强，因此在与客户打交道时常常能够让对方信服，同时又不会让对方感动尴尬或没面子。因此，他与这些客户中的一些人成了较好的朋友。

为了买房，小林希望能够提升自己的收入。但是小林在职场上的发展几乎很难有大的飞跃，那么他只能利用自己的业余时间做一个副业。在有了这个想法之后，他就开始琢磨干什么样的副业。经过仔细考虑之后，他决定开设一个营销培训课程。因为自己在营销方面有很多的经验，于是他就把自己这些年在这方面的经验进行系统性的梳理。经过3个月的时间，他总结出了一套非常实用的营销课程，有理论、有实操。有了课程，场地和学员就成了他需要解决的首要问题。

一次偶然的机会，他的客户听说他要搞营销课程的培训，就说自己有个场地，可以以最低的价格租赁给他，这让小林非常高兴。有的客户听说他要搞培训，还给他介绍学员，这些都是平时注重人脉积累的结果。由此可见人脉的重要性。

人脉在关键时刻还是非常有用的，所以，在平时的工作中要注意积累人脉资源，其不管是对你的主业还是你的副业都会有所帮助。

2. 管理能力

人们要想把一个事业做到一定的高度，势必需要与他人合作，而与他人合作的过程中，就会遇到管理层面的事，因为团队合作总要有人充当管理者。

不管是主业，还是副业，都有可能遇到管理团队的事。如果你暂时被别人管理着，那么你也要注意培养自己的管理能力。这对你未来的发展是有一定好处的。所以在主业中，要尽可能抓住任何一个能带领团队的机会。

做好一个项目、办好一场公司活动、组织大家外出团建等都是锻炼管理能力的机会。

小雨是教育机构的培训老师，在机构里担任着部门主管的职务。为了更好地发展，他想要做一期培训老师的特训营，以此来提升老师的教学水平。他的两个同事听说他有这样的想法，就打算跟着他一起干。小雨知道，团队协作的力量要大于一个人的力量，于是三人组建成一个团队共同做这份副业。两个同事在小雨的带领下各司其职，充分发挥自己的优势，把第一期特训营做得非常成功。他们也凭借着这个副业赚到了相应的酬劳，因此小雨更加坚定了自己的想法，即管理能力在哪里都是有用的。

可见，在职场中积累的管理经验对日后发展副业是非常有帮助的。除此之外，管理能力对你的职场发展也非常有帮助，一些重要的岗位往往都需要具备一定的管理能力。

以上能力是在职场上我们要侧重发展的能力，这些能力对副业的发展也有很大的帮助。

第二节 掌握沟通技巧，提升副业变现率

人与人之间，只有做好沟通，才能更加了解彼此。不管是在生活中，还是在工作中，都需要进行良好的沟通。只有掌握了一定的沟通技巧，

才能更好地促成双方达成共同的目标。

但是,现实是很多人不擅长沟通,不能很准确地表达自己的真实想法,也无法更好地推进工作。因此,我们要掌握沟通技巧,提升副业变现率。

那么,我们可以在哪几个方面提升自己的沟通能力呢?

1. 对表达内容进行梳理

我们首先要明确沟通的内容有哪些,自己是否清晰地知道。如果你自己都不是很清楚,那么在表达的时候更不会有好的效果。自己的沟通要达成什么目标、取得什么样的效果,这些你都要预料到,都要提前做好准备。这样才能更好地进行沟通。

在沟通之前,最好先把自己想要表达的内容写出来,有理有据,条理清晰。那么我们一起来看看怎样有序地梳理要表达的内容。

(1)列草稿

在与客户沟通之前,可以把自己要沟通的内容列一个草稿,具体写出要达成的目的,然后写出论点、论据,就像写作文一样清晰地写出来,随后仔细检查自己是否漏掉了哪一点。如果发现有遗漏就要及时补充。

(2)注重逻辑性

在写的时候要注意全篇的逻辑性,要把自己要表达的观点条理清晰地罗列出来,确保自己在沟通的时候能够完整表达。不要让对方完全听不懂你在说什么，没有逻辑性；不要让对方听不懂你要表达的观点，前言不搭后语，没有连贯性。在确保了内容的逻辑性和条理性之后，还要进行总结归纳，即自己表达了什么样的观点。

（3）摆正沟通的心态

在进行沟通内容的梳理时，要摆正沟通的心态。沟通就是要精神百倍、自信满满，让对方能够感受到你的热情和激情。

当然，激情不一定非要嘶吼式的表达，语速不能太快，要留给对方思考的时间。最重要的是要充满自信，让对方感受你的正能量，这样更容易打动对方。

（4）提前假设

提前假设指的是要把对方可能提出的观点也罗列出来，然后写出答案，这样才不会在对方提出与你相悖的观点时措手不及。

以上四点是对沟通内容梳理的有效方法。只有提前对沟通内容查缺补漏，在真正沟通时才能准确无误地表达。

2. 勤加练习

脑子里要沟通的内容，不仅要写出来，更要说出来。曾经有一个故事讲的是，一个推销员在电梯里向大客户展示自己的合作方案，但是大客户只有这30秒的时间，在这30秒里，这位推销员并没有完整地表达出自己的想法。很可惜，电梯门一开，大客户走掉了，这位推销员错失了一次很好的机会。

从这个小小的案例中我们发现，如果你不会沟通，不管是在主业中，还是副业中，你都不会占到优势。

沟通对每一个职场上的人来说都非常重要。无论是你在跟上司争取自己应得的利益时，还是在与同事沟通自己的观点时，如果你不能很清楚地表达出来，那么就不会达到你想要的效果。

那么如何通过勤加练习来提升自己的沟通能力呢？

给自己设定3分钟时限，每天设定一个主题，早上起床之后对着镜子开始阐述，看看自己能不能在3分钟之内把问题阐述清楚，在阐述时还要注意自己的表情和神态。3分钟说长不长，说短不短，但是足够把问题表述清楚。

很多人在脑子里往往能够清晰地构思出想要表达的内容，但真正在表达的时候往往表达得不是特别清楚，可见想和说是两回事。说就要勤加练习。说的时候最锻炼自己的逻辑思维能力，只有逻辑思维能力提升了，在对方抛出观点时，你才能轻松地做出回答，并让对方跟着自己的思路走。

王丽是一名财经主播，因为经常接触一些财经信息，对财经方面的内容有所了解。为了提升自己的收入、改善自己的收入结构，她想找一个副业。根据自己的专业优势,她把目标锁定在培训讲师这个行业上。为了提高自己的沟通能力,她每天都会按照上面的方法在家进行练习。经过一段时间的练习,作为讲师,她的业务能力越来越好,报她班的学员也越来越多。因此,她的副业收入也越来越稳定。

可见,练习可以让自己的沟通能力和表达能力越来越好。

3. 及时改进

你每天在锻炼提升自己的沟通能力时,要找人指出你自身存在的一些缺陷,只有这样,你才能不断进步。

(1)家人帮忙

如果你已婚,你可以把你的另一半当作你的沟通对象,然后把自己的观点向他(她)们输出,找他(她)们做听众,让他(她)们给出反馈意见。

和你最亲密的人在给你意见时,往往会毫无保留地指出你目前存在的问题,这样你就可以根据他(她)们的意见做出调整。

(2)录制视频

如果不方便请他人帮忙,你还可以自己一个人进行沟通训练,然后用手机把自己沟通时的状况录制下来,反复进行观看。在观看的过程中,你就能知道自己哪里做得还可以,哪里做得不够好,需要改进。这是一个很不错的方法，一个不用麻烦别人、自己就可以实践的方法。这对于一些想要从事讲师类工作的人非常有帮助，因为这类工作往往需要进行大量的沟通。如果你不懂得沟通，就很难在这方面发展出自己想要从事的副业。

（3）付费学习

如果你想要得到更好、更专业的反馈意见，可以适当报名参加一些培训课程。由一些专业的老师来指导你如何更好地进行沟通，这样你才会进步得更快。

不要不舍得花钱，因为这是一个知识付费的时代。只要你找到专业的机构和老师，跟着他们学习，就一定会对你提升自己的沟通技能有所帮助。

当你的沟通能力提升之后，无论是在职场上还是在副业中，你都会比别人有更多的突出优势。在职场上，你可以让领导更加信任你，将更多重要的任务交给你；你也可以更加融洽地与同事合作，共同完成项目。在副业中，你可以快速理解客户的需求，更快地与目标客户达成共识，让合作更加顺畅。

从现在开始思考，你是否需要提升你的沟通能力，如果需要提升，可以按照上面3种方法，坚持每天锻炼。经过一段时间的锻炼，你会发现自己的沟通能力有所提升，而其对自己的主业和副业都有很大的帮助。

第三节　用心经营，构建自己的人脉关系网

在当今这个时代，没有人脉资源，做很多事情都举步维艰。人脉可以帮助我们快速达成某些目标，让我们省时省力。但是首先，我们要正确认识人脉关系。

这个人脉不是说我们认识多少人，这些人就都是我们的人脉。打个比方，你的微信上有500个人，你不能说这500个人都是你的人脉；手机通讯录里有4000个人，也不能说这4000个人都是你的人脉。真正的人脉是指那些能够帮得上你的忙、能够发挥一定作用的人。

比如，你想举办一场演讲培训，但是短时间内找不到合适的场地。你突然想起来你有一位朋友是做场地租赁的，联系他以后，他很快就为你提供了合适的场地，让你如期举办了演讲培训。

又比如，你想采访一个很有名气但很难约的企业家，凭自己的能力怎么都约不到，但是通过你的人脉关系，你约到了这位企业家，最后采访非常成功，奠定了你在公司的地位。

以上这些例子说明，人脉是能够更好地帮助你的人力资源，因此在平时的工作中要注意积累这些人脉。当然，这些强大的人脉关系是建立在一定的基础之上的，那就是你自己足够优秀。你只有足够优秀才能吸引到更多优秀的人与你建立关系。

当然人脉关系也分亲密度，有些是比较一般的，有些是关系特别好的。但无论哪种，在你需要帮助的时候都伸出援助之手的是最好的。

如果你自身还不够优秀，你就要放下无用的社交应酬，抓紧时间提升自己的能力和魅力。当你足够优秀时，自然会吸引到更多人与你建立联系。

在了解了什么是真正的人脉之后，我们要知道如何搭建自己的人脉网，以备自己在需要的时候能够用到。

第一步，记录对方的一切信息。

如果你的人脉关系比较复杂，认识的人比较多，你就要对这些人进行梳理和记录，只有这样，我们才能在需要联系对方的时候，第一时间就能想到他。

以前，人们都会交换名片，名片上有这个人的公司名字、电话等信息，我们只要把这个名片收藏好就可以了。但是现在已经不流行用名片了，现在都是扫一扫，加一个微信，就可以记录对方的信息。因此，我们要利用好微信这个社交软件。

那么在微信上，我们如何能够记录下这个人的一切信息呢？

我们在加上对方好友以后，要立刻添加备注信息，把网名改成她（他）的真实名字，然后在备注里写下她（他）的电话，以及她（他）的一些特点，比如做房产的、写作的、培训的、化妆品销售的等，凡是能够代表她（他）个人特征的标签都记录下来，这样你才能在想联系这个人的时候，只需要在微信里输入相关关键词，就可以迅速搜索到这个人。

在完善了个人信息以后，还要对其进行分组。比如销售类、培训类、文职类、自媒体类等各种分类。这种分类更加便于你搜索和查找。

第二步，逐步丰富和完善你的人脉库。

人脉库建立了以后，我们要在平时注意维护和运营，进行一定程度的互动。

对你近期需要拜访的人，你要提前一段时间就对其朋友圈进行关注。对一些朋友圈信息点赞或者留言，表示你在关注她（他）。这会让人感到非常贴心，瞬间拉近了彼此的距离。

在与这个人进行联系的前一天，你要从她（他）的朋友圈里发现她（他）最近的一些动态，是出去旅游了，抑或是在加班，还是换了新的工作等。从朋友圈里去发现一些她（他）的动态，这样有利于你在与她（他）进行沟通的时候有一定的话题，也不至于你在需要别人帮忙的时候显得很突兀。

朋友之间还要经常走动，更何况是这种可以帮助到你的人，更需要你用心去经营和维护。

当然，如果你偶然间知道了她（他）们的生日，也要在微信好友的个人备忘录里写下他的生日，以便在节日当天早早地送上祝福，这会增加对方对你的好感。

第三步，定期更新人脉库的信息。

不管是通过朋友圈还是通过其他渠道了解到这个人的最新动态，尤其是工作上的动态，一定要在微信好友的个人信息中进行更改。比如这个人最近升迁了，职位有所变动，或者换岗位了，不再从事之前的工作了，抑或跳槽了，去了一家新单位。这些都要记录到微信好友的个人信息里。

这样做的好处是，在你想要寻求对方帮助的时候，能够及时说出对方的现状，让对方知道你在关注着她（他），这样不仅可以增进彼此之间的感情，还能大大提升寻求帮助的成功率。

这个更新人脉库信息的事情最好养成习惯，一个月或者两个月做一次更新即可。一开始可能总是会忘记，但是一旦养成习惯，你就会发现，这样做对你建立良好的人脉关系非常有帮助。

第四步，让你的人脉资源为你的副业铺路。

建立人脉关系后，在你需要帮助的时候，这些人脉资源就会发挥出意想不到的作用，成为你副业的助推剂。

比如你在筹备展开自己的副业，但是缺乏一定的成立条件。你在知道了这个事情之后，就要主动、努力地去寻找这样的人脉资源，然后加强维护和运营，让其成为可利用的资源。

另外，在与他们打交道的时候，要清楚地展现出自己身上的能力和优势，让她（他）知道你是很优秀的。这样，对方就会对你有印象，也会愿意进一步与你加强联系，对你日后找她（他）寻求帮助非常有利。

就是说，在与人打交道的时候，要利用好一切资源为你的副业铺路，一旦天时地利人和，你的副业之路就会水到渠成。

因此，无论是在生活中还是在工作中，我们都要利用好身边的一切资源，构建庞大的人脉关系网，以便你在有需要的时候能够有所助力。

第四节　学会管理团队，团队的力量不容小觑

在当今这个时代，什么事情都讲究团队合作，团队合作能让事情发展得更好。

在移动社交的大面积覆盖下，小团队的协作会更加优质和高效。一

个小团队，大家彼此合作，可以把这个副业越做越大。

潇潇是某石油公司职能部门的一名工作者，她喜好交际、善于沟通，脸上总是挂着亲切的微笑。在这个单位上班，工资是固定的，没有太大的浮动。为了提高自己的收入水平，潇潇想找一个副业做做。但是她又不知道自己做什么副业好，于是她就继续探索。

因为她是一个3岁孩子的妈妈，经常会与朋友、同事聊起关于孩子的话题。她发现这些宝妈们在养育孩子方面会有一些烦恼，比如孩子不爱吃饭、存在逆反心理、爱打人、内向、不合群等，大家都停留在不知道如何教育好孩子的层面上，教育理念相对保守、落后。而她在一些亲子社群中遇到的妈妈们，其育儿观念和方法普遍较先进，如蒙台梭利教育法、田园教育法、亲密关系建立法、正面管教等方法。她觉得不能用一些不好的方法来教育孩子，必须学习新的方法。有了这个想法后，她就问朋友和同事，如果有一个很好的培训班，专门给大家传授一些先进的育儿理念，大家想不想参加呢？没想到，大家都非常肯定地说"想参加"，这大大增加了潇潇的信心。

潇潇觉得干培训这件事自己一个人很难完成，于是她就成立了一个小团队，大家一起来筹备这个培训班，每个人负责培训班的一个子项目，最后汇报给她这个总项目负责人。她不会过多地干预大家，但是在需要帮助时她会指导大家怎么做。

由于她肯放权，团队里的小伙伴们的积极性非常高，有联系专业讲师的、有租赁场地的、有准备教具的、有负责招收学员的、有负责线上推广的、有负责社群运营的，分工非常明确，在短短一个月的时间里就成功招募了50名学员。

学员招收到了，专业讲师也聘请到了，最后大家一起布置会场，充满干劲，第一期培训课如期举办。在第一次课程结束后，学员们的反映都不错。但也出现了个别问题，于是她们利用周末的时间一起开会研讨，一起解决困难，于是培训课越办越好。为期3个月的培训课结束后，宝妈们的反映都特别好，有的家长说，以前总是走不进孩子心里，孩子不愿意跟自己沟通，经过培训，现在自己和孩子的关系缓和了很多，非常感谢潇潇举办的这个亲子培训课，自己受益匪浅。

这当中也并非一帆风顺，如果不是团队成员的共同努力，也不会取得这样的好结果。由于第一期的效果非常好，潇潇决定继续办下去，她的团队成员也表示愿意跟着她一起把这份副业做好做大。经过一年多的运营，这个培训课程也逐渐走上了正轨。

潇潇的故事告诉我们，团队的力量不容小觑。当觉得一个人无法完成这份副业的时候，我们就要抱团取暖，找到志同道合的伙伴们组成团队，一起把副业做好。

那么你在管理副业团队的时候，都需要哪些技巧呢？

1. 放权

管理副业团队成员的时候，你作为团队的领导者，在最初的时候要踏踏实实地、仔仔细细地教成员；合作了一个项目之后，你就要学会放手，此时你只需要给他们指出一个明确的方向，让他们自由发挥。这样他们才能有一定的发挥空间，才会进步得更快。如果总是你手把手地教大家，大家就不会去思考如何才能做得更好。给予团队成员更多的权力，他们才能施展更多的才华，进而迸发出前所未有的能量。

在合作过程中，不要过多地干涉团队成员的成长，即使做错了也不要过分地责备。因为在错误中，成员才会进步得更快。但是决不能允许一个错误犯两次，因为那样就是犯低级错误了，是不应该出现的。

2. 给予赞美

在与团队成员合作的过程中，要多表扬和赞美对方。对他们取得的一些进步，要适时地给予表扬。当然，适当的时候要给予一定的奖励，可以是物质上的，也可以是精神上的。这样可以营造一种良好的、积极的团队氛围。而自己也要做好积极向上的代表，给大家树立一个榜样，让大家有一个奋斗目标。

3. 合理分配收入

我们做副业大多是为了提升自己的收入，因此，收入是最能激励成员努力工作的。

副业的收入不会像主业那么固定，大多是有活或者有项目的时候才会有收入。如果这个项目赚得比较多，你就可以给成员的分红多一些，以此激励大家再接再厉。如果这次赚得少，那就相应少一些，但是得保证公平，能者多劳，多劳者多得。这样也会激励能力稍微差一点儿的员工努力提升自己的能力，向能力高的成员学习，从而形成一种良好学习氛围和健康的竞争机制。

4. 学会"释怀"

在带领团队的时候，如果遇到一些紧急情况，并造成了一定的损失，你首先要做的是把损失降到最低，而不是去追究谁的责任。管理者应该有大将风度，要拿得起放得下，整天对一些小事耿耿于怀，不仅损害身体健康，还显得自己小家子气，没有一点儿领导气质，更重要的是影响团队士气和氛围。管理者应该对很多事情释怀，业务的失败、团队成员的过错，都应该用一种积极的眼光看待，多几分超然和大度，这样就可以理性、温和地看待各种事情和问题，同时突显个人的领导魅力。

5. 有格局

作为团队的管理者，你要做的绝不仅是管理团队成员，让成员听自己的话。一个真正的管理者，必须懂得战略格局。通俗地说，就是管理者在关键时刻要懂得站在哪个角度去思考、决策问题。

没有眼光的管理者，身边不会有高人，因为他难以知道真正的人才是什么样的。有些管理者目光短浅，往往只是死盯着一个人今天怎么样，而从不去想这个人未来会怎么样，所以他们失去了很多具有潜力的人才，而这些潜力股其实就是副业成功的保障。失去了他们，就是失去了成功的机会。

如果你做副业的时候想组建一个团队，那么你需要思考你是否具备上面这些条件，你能否管理好你的团队，让你的副业之路越走越远。

实践环节：

写出你具备的能力，看看哪些能为你的副业添砖加瓦。

1. _____

2. _____

3. _____

第五章
全力引流,让你的副业赚钱更加顺畅

第一节　微信引流，为你的副业积累人气

微信从诞生那天起就受到人们的青睐，并成了人们社交的主流软件之一，拥有庞大的用户群。微信的用户覆盖面非常广，各个行业、各个年龄段的人都在使用微信。因为微信的操作非常简单，几乎每个人都能学会使用，所以随着智能手机的普及，它也几乎成了人人都在用的软件。

正因为使用微信的人特别多，所以微信公众号的能量不容小觑。利用微信公众号来做副业，如果做好了，可以收获更多的红利。

其实，很多人都知道要利用微信来做运营，因为微信的使用者实在太多了，如果能利用好微信，那么其可以触达无限的粉丝资源。

李先生一直在电力集团做项目管理，从一个小职员做到了项目经理。他周末的时候经常会跟着驴友爬爬山，去乡间和朋友野营，过着悠闲自在的生活。

但是一次同学聚会彻底打破了他的想法。在同学聚会时，李先生发现很多同学有了属于自己的事业，要么创业成功，要么有着经营良好的副业，李先生很是羡慕，于是决定找一份副业来提高自己的收入并充实自己的生活。在探寻副业的路上，李先生并没有明确的方向。一次偶然的机会，他看到很多人在做互联网课程，在线上录制视频讲一些营销知识，于是他开始模仿他人录制相关的视频，但是因为自己没有做好准备和引流工作，他的这份副业迟迟不见起色。

2017年，李先生的孩子出生了，其也无心再搞线上课程这个副业了，其把业余时间都用来陪伴孩子，感受初为人父的喜悦。

在陪伴了孩子一年之后，李先生开始思考，自己是否应该做更好的自己，成为孩子的榜样。因为他认为，让孩子看到自己努力生活的样子，才是给孩子的最好的教育。

一次偶然的机会，李先生接触到了写作这一副业。他在微信公众号上看到很多人在写文章，写的文章还能获得粉丝的打赏。因为自己没有写作经验，李先生犹豫了一段时间，但是经过仔细思考之后，他觉得自己可以把与孩子的一些趣事写成文章发到微信公众号上。于是，他开通了自己的微信公众号，并经常在微信公众号上上传文章。

慢慢地，李先生在写作这件事上越来越认真，因为他觉得要做就要做得像样。对于如何起一个爆款标题、如何用标题吸引读者、如何写好文章的大纲、用哪种方式写文章更能打动读者，他都会仔细研究。在这个过程中，他不断地调整自己的写作技巧、提升自己的写作能力，他还给自己定下了2018年写50万字的目标。

5月初，李先生的文章收到陌生读者的赞赏共计5000元。

9月初，李先生的文章收到陌生读者的赞赏共计8000元。

2018年整整一年，李先生完成了一年写50万字的目标，获得了2万元的赞赏。

这一年，李先生白天上班，晚上写作，从零开始，写出了50万字。他用写作证明了自己。

2019年年初，李先生总结了自己的新媒体写作实战经验，决定转换角色，教别人新媒体写作。他通过大量的付费学习，不断看书和培训，了解营销、沟通、销售的知识与技能，并总结出一套属于自己的写作方法论。

2019年4月，李先生在微信公众号上发出了付费写作课程的信息，因为平时有粉丝关注他的微信公众号文章，所以他通过微信公众号招收到了148名学员，每个人收费399元。

渐渐地，李先生的名气越来越大了，有一些新媒体公司就主动联系他，让他提供教学内容，他负责讲课，公司负责招收学员，这种合作方式让他在一年内就赚到了100万元。

因此，李先生辞去了电力集团项目经理的工作，专心做写作的培训课程，其收入也逐渐稳定。

李先生通过业余时间探索了副业的更多可能性，最终在微信公众号这条路上找到了自己的方向，并开启了写作培训课程的副业。

李先生的成功离不开微信这个平台，那么我们就来看看如何通过微信这个平台进行引流呢？

1. 公众号引流

注册一个属于自己的公众号，在上面推送一些精彩的文章，靠这些文章来吸引粉丝。公众号必须持续不断地输出优质内容，只有这样，才能让用户转化为自己的粉丝。

在运营公众号初期，通过各种渠道转发自己的文章。例如，让亲戚朋友帮忙转发。到各大论坛、贴吧发一些优质文章，在文章末尾加上自己的微信号或者微信二维码，吸引用户关注自己的公众号；或者在文章末尾写上"关注公众号有惊喜""如果推荐20位朋友关注公众号，即可获得小礼品一份"。人们往往对礼物是没有抵抗力的，因此可以吸引更多的人帮你转发，增加你的公众号的曝光率。

在公众号有点儿名气之后，为了吸引更多的用户关注，还可以和一些公众号联手进行互推。就是你在你的公众号上推别人的公众号，别人在他的公众号上推你的公众号，以达到强强合作的效果。

2. 朋友圈引流

要想吸引更多的用户关注你的公众号，你还可以在朋友圈里进行宣传推广，把自己的公众号文章发到朋友圈里，让更多的朋友看到你的公众号。你还可以在文章末尾要写明"如果把这篇文章转发到你的朋友圈，并集齐30个赞，就可以获得一定的福利"，比如获得一次免费试听课的机会，这样会大大激发朋友们转发的热情。

3. 微信群引流

微信群是一种非常好的引流方式。微信群可以把你的粉丝都聚集到这个群里，形成一个私域流量池，这样，你可以在群里发布消息。比如发布新文章了或者开新课了，都可以在群里公告一下。除此之外，你还可以在微信群内做以下事情。

（1）挑选助理

如果你需要一两个助理，可以在社群里选择。你们还可以组成一个小团队，因为团队的力量会更大，会让你的副业之路走得更加顺畅。

（2）活跃社群气氛

微信群建立了以后，你就要时常活跃社群气氛，不要让一个辛苦建立的群成为一个无人说话的群，最终走向灭亡。你要每天早上在群里跟群成员打招呼，发一些积极向上的话语，在群里定期抛出一些话题让大家进行讨论；如果有新人进群要表示热烈欢迎，让新成员感受到社群的热情。

（3）深挖用户的内在需求

在经营社群的时候，一定要注意培养彼此之间的情感，建立起大家对你的信任，并深挖用户的内在需求，这样你在推广产品或者服务的时候，才会引起大家的关注和共鸣。

只有了解用户的需求，才能改进自己的服务和产品；只有知道大家需要的是什么，才能更好地走进用户的心，你推荐的产品或者服务才能满足用户的需求，真正帮助他们解决一些问题。

第二节　微博引流，不容错过的引流平台

微博作为有着"两微一抖"称号的社交平台，有着非常大的流量。有流量的地方就可以实现高转化率、实现变现。现如今，人们都在争抢流量，流量是实现变现的基础，而微博作为比较一个有影响力的平台，会受到很多人的关注。因此，很多人会利用微博来吸引流量，最终实现高转化率、实现变现。

如果你想通过微博进行副业变现，那么你需要你了解微博平台的一些特性。即只有实现高转发量才可以吸引更多的人关注你，才可以实现引流变现。

胖哥是一位资深码农，经常在中国开发者网络（Chinese Software Developer Network，CSDN）上发表一些软件开发方向的技术性文章，其内容非常专业，会吸引很多的网友进行观看和学习。在最初的时候，他作为一名技术控，对写作不是很在行。但是，他通过每天不间断地输出，最终做到了CSDN博客全站排名前150名以内，这是非常厉害的。他每周都会投入20～30个小时的业余时间在博客写作上，几乎把自己的业余时间全部放到了写作博客文章上，几乎没有任何的娱乐时间，因此在这里他也获得了相应的回报。为了提高自己的转化率，他把自己的部分文章发到了微博上，希望可以利用微博上吸引到更多的用户进行观看，利用微博的知名度来提升自己的知名度。他在微博上给自己起了与在CSDN上同样的名字，这样方便网友记忆。他在微博上发布相应的文章，然后在文章末尾把自己的CSDN名字写清楚，用户登录CSDN以后就可以搜索到他，看到他的文章。因为他的文章写得非常好，因此他设置了付费专栏。这是一个知识付费的时代，因为他的技术类知识的输出帮助了很多码农攻克了技术难关，也帮助很多人解决了一些困惑，所以很多人会付费观看他的专栏文章。同时他也通过微博吸引了更多的用户关注他的 CSDN 账号，并最终实现了引流变现。

有位网友给他发私信，问他是如何在平时码农生活这么辛苦的情况下写出这么有水平的文章的？他在私信里回复了这位网友，写技术类的文章，只要你不断地坚持去写，每天进步一点儿，日积月累就会有超出预期的收获。当然，有个前提是高价值的内容才能留住关注者。要有耐心、要坚持，在成功之前肯定有一段时间你是默默无闻的，只要坚持做到今天比昨天好一点儿就行。你还要了解在哪些平台用什么方式可以精准地吸引用户。在任何一个领域要想获得成功，都要付出常人想象不到的努力和坚持，只有达到一定的积累，才会厚积薄发。

现在我们一起来具体分析一下都有哪些因素影响微博的转发量。

内容质量：原创性、是否包含热门关键词、微博被转发数、点赞数、收藏数、文字通顺度、是否有图片。

微博账户：账户名称、认证情况、标签相关度、微博数量。

社交关系：总粉丝数、粉丝增加数、关注数、阅读数。

活跃度：每天博主主动发博数、转发和评论数、被评论数。

那么，通过以上分析，利用微博来吸引用户都需要注意哪几个方面呢？

1. 输出优质内容

要想通过微博吸引一些目标用户，就要持续不断地输出优质内容。只有优质内容才能吸引用户关注你的微博账号。在微博中可以输出一些某领域内的热点内容，把大家比较关注的问题作为文章的主题，吸引相关的用户观看。

还可以通过录制视频等方式获取用户。视频的内容更加有冲击力，可以把你写的一些文章内容通过解说搭配电脑操作的方式，让观众更加直观地看到你的内容。在视频的最后可以让用户关注你的微博账号，还可以留下微信二维码信息，把用户吸引到私域流量池中。

2. 固定更新微博的频率

要想让用户持续关注你的微博账号，就要在固定的时间更新你的微博内容。比如你是周一或者周三更博，或者周五、周六两天更博，这样才能让用户养成固定观看你的微博内容的习惯，形成用户固定的记忆点。

用户知道了你的更博习惯，也会养成观看微博的习惯，到了那个时间点就会观看你的微博，就像观看电视剧一样。千万不要三天打鱼，两天晒网，时间长了，用户就会流失掉，不再关注你的微博。吸引用户不容易，失去用户却是一件很容易的事，所以一定要注意平时的运营和维护，注意不要让吸引过来的用户流失掉。

3. 注意发微博的时间

微博不像微信。大家每天都会浏览微信内容，而大多数的人是利用中午的休息时间或者晚上下班后的一些时间来浏览微博上的一些信息，因此可以在这两个时间段发送微博内容。

① 12：00～14：00。很多人会利用中午休息的时间浏览微博上的内容。这个时间，人们会放松自己的大脑，为下午的工作养精蓄锐。你可以在这个时间段发送微博内容，以此来吸引用户观看。

② 18：00～22：00。这个时间段，很多人都下班了，有的人有回到家就打开电脑浏览微博的习惯。你可以在这个时间段发送微博内容。在这个时间段里，人们的状态更为放松，有的人会利用这个时间段学习一些知识，这时你的一些知识性的微博内容就可以发送出来，吸引用户观看。

4. 积极与粉丝互动

在微博上发送了一些内容之后，要及时回复用户的评论或者私信。这样才能与粉丝建立良好的互动关系，才能增强粉丝的黏性，不会让粉丝流失掉。

留住了粉丝，才能更好地实现引流变现。粉丝是变现的基础，因此，在运营微博的时候要注重与粉丝的互动。

5.注重用户的内在需求

在运营微博的时候,要注重挖掘用户的内在需求,只有针对用户需求来运营微博,才能更加精准地吸引用户。你只有帮用户解决了他的内在需要,他才会更愿意关注你。

比如在微博上发一些技术类的知识文章,就要真的能够帮助用户解决一些在专业领域里遇到的难题或者困惑,要让他们意识到,关注你的微博可以看到最新的行业资讯以及独特视角的行业知识,帮助他们消化一些比较难理解的内容,或者获得某些技术难题的解决方案。

以上是在运营微博的时候需要注意的几点内容。如果你也想通过微博进行引流变现,就要把上面这几点研究透彻,这对你利用微博引流吸粉大有帮助。

第三节 社群引流,精准吸粉的"利器"

我们最常见的社群有微信群、QQ群、微博群。如果你已经有了社群，那你有没有考虑过这样一些问题，比如，我怎么轻轻松松地玩转社群？我怎么做一个帮我赚钱的社群？我怎么从社群中获取回报？

一般来说，社群运营是需要花心思和下功夫的，因为经营社群要和不同的人打交道，要负责内容输出以及组织策划活动等。同时，运营社群是需要方法和技巧的，因为社群有它的生命周期，很多社群最初很活跃，慢慢地就变成了广告群，最后就慢慢"死掉"了。

社群不是简单地把人聚在一起，它承载了这群人共同的需求、利益点、价值观等内容。只有你花费了时间和精力去运营一个社群，你的产品或者服务才可以在这个社群里击中群成员的痛点。解决了群成员的痛点，你的产品或者服务自然就产生了价值，也就会有用户购买你的产品或者服务。

小鹿是一家文化企业的宣传部门的主任，平时的工作内容就是负责推广公司的文化产品，有一些营销经验。她平时会写一些推广文案，找一些社交平台来宣传企业的文化产品，比如图书。她还会在微博、微信、抖音这些社交平台上宣传公司的书籍。

但是她在的这个岗位的薪水基本是固定的，每个月也就10000元左右，这对于她来说远远没有达到她的收入目标。她想要改变自己的收入状况，但是目前就自己的岗位来说，短时间内基本没有什么可上升的空间了。因此,她计划做一些副业,那么做什么副业就是当下首先要考虑的问题。在看朋友圈的时候,她看到自己的朋友在做微商,并且通过做微商买了车子和房子,这让她觉得可以试一试。

于是她咨询了自己的朋友,想问问这个行业是怎么运作的。朋友告诉她,当前,人人都很关注自己的健康,这款酵素产品非常好,受众群体非常广,只要你找到客户,就不愁卖不出去。经过一番思考之后,小鹿觉得可以试一试,不成功也没什么,就当是积累销售经验了。于是她从朋友那里拿了货准备销售。但一开始,她并没有急于销售,而是自己试用,经过自己的试用,她发现这款产品真的不错,真的能够起到调节身体的作用,这让她信心大增。

接下来最难的就是吸引客户,让客户相信你的产品是好用的、有功效的。小鹿认为,既然打算做就要把这个事情做好。她开始学习一些中医方面的知识,让自己在养生这方面变得更加专业。你越专业,人们就越相信你。在销售产品的同时,她使劲钻研中医知识。在有客户向她咨询产品的时候,她总是能够说出客户身体上的状况,并给出很好的调整建议,帮助客户改善睡眠状况,并且瘦身减脂。为此,她专门建了一个养生群,在社群里每天发一些健康养生的知识。她还会根据一些客户提出的困惑给出相对专业的指导意见,同时搭配着销售自己的酵素产品,效果非常好。与此同时,她推出了"7天39元辟谷+瘦身"的课程,最终吸引了 300 人报名。她还邀请了两位中医老师进群给大家讲一些养生知识，并在群里分享辟谷和瘦身的知识。她也会时不时地在群里发红包、发奖品，让群员交流活动，建立彼此之间的信任。

一个社群里大概有 500 人，她建立了数个社群，靠着输出专业的中医养生知识吸引了非常多的用户加入群里。凭借着社群营销，再加上在朋友圈里做广告，她吸引了上千名的用户。这些用户里有很大一部分最后转化成了她的直属经销商，并成为她的铁杆粉丝。在一年的时间里，她就通过社群运营销售产品赚到了 50 万元。

案例中，社群引流有一个好处，就是它会把从平台上吸引来的流量都变成自己的流量，即建立属于自己的私域流量池。只要你持续稳定地输出优质内容，满足这些用户的内在需要，他们就会一直跟随着你。

那么，在通过社群进行引流的时候，你都需要注意哪些运营技巧呢？

1. 输出专业知识

社群是一个大家基于某种兴趣建立的社区，里面一定是有大家需要的信息和知识，大家才会进群的，也就是说，大家是被群里的专业知识或者课程吸引的。因此，如果你打算通过建立社群来吸引流量、开启自己的副业的话，那么你一定要在社群里输出专业知识，满足群友在某领域的需求。

如果你输出的内容不能满足用户的需求，慢慢地大家就会离你而去，从而不再关注你。这样，你就无法通过社群进行引流变现。

比如，你想推广自己的写作课程，你就可以建立一个社群，在社群里向大家分享一些写作心得或者写作技巧。当然你只能分享一部分，如果用户想要得到更多的干货知识，可以参加付费课程。付费课程里的内容更加精彩和系统，一定能够帮助购买用户提高写作水平。你也可以把自己的部分讲课音频发到社群里，让大家免费试听，这样可以让大家更真实地感受到你的讲课风格。

这是在社群里通过输出优质内容来吸引客户，也是社群引流最关键的技巧。

2. 懂得日常运营和维护

社群的建立是很容易的，但是社群的日常运营和维护才能让社群走得更加长远。那么，在运营和维护社群的时候都要注意哪些方面呢？

（1）设立社群管理人

在你的社群的人数已经非常多或者你已经有几个大群的时候，你就要给每个社群设立一个主要的管理员，负责日常的运营。这些管理员一定是那些懂你的输出内容的人，他能够对你输出的内容有更好的把握，这样才对你有更大的帮助。

另外，你选择的这些人最好有一定的管理经验，懂得怎么激活大家的热情，懂得怎么搞活社群的气氛。

（2）建立群规

建立一定的群规，比如在这个群里不能发广告，只能讨论与你输出的内容相关的话题。如果违规，在警告之后还是不听劝，就要将其踢出群。只有这样，才能维护群里良好的、健康的学习氛围。

（3）激活社群的潜在客户

很多客户在社群里是不怎么说话的，但是他们既然进来了，就说明他们是有需要的。这部分人要用心运营，努力把他们转化为你的忠实粉丝。在平时要想办法引导这些人参与话题讨论，想办法知道他们内心的真实需求，问问他们对这个群有什么好的想法和意见，让他们感受到被尊重。

（4）对新用户要热情

对新进入社群的用户要热情一些，要让他们感受到社群的友好。新人入群可以发红包，这样可以把大家都吸引出来，搞活社群的气氛，让新人感受到社群的热情；也可以组织一些简单的互动游戏和问答活动，帮助他们更好地融入社群。

（5）维护好老用户

在欢迎新人的时候也不要冷落了老用户,要让老用户知道他们对这个社群是非常重要的。可以给老用户一些精神奖励,比如给他们设立一些称号,"最佳学员""最优秀学员"等。

3.线上线下联动

如果有条件的话,你可以根据地域搞一些线下活动。刚开始可以搞一些同城的线下活动,这样可以联络社群成员之间的感情。同时,在线下活动中,你能更加深入地了解用户的真实想法。在线下活动中,要鼓励大家畅所欲言,由社群管理者负责记录大家的需求和想法。当然,线下活动最好有一个主题,让大家围绕这个主题进行讨论,这样既能吸引参与者的兴趣,激发他们的思考和讨论,又能使活动更具凝聚力。

除了同城活动,还可以搞一些跨城活动,前提是你的线下活动足够吸引人,社群成员不管在哪里都会赶来参加。你作为社群的建立者一定要参加,要让大家看到真人,从而拉近你与社群成员的距离,建立彼此之间的信任。因为以后你还要靠大家帮你传播、推广你的产品或者服务。

在做副业的时候,如果你也想吸引流量,可以用社群这个工具,只要你掌握了方法和技巧,就可以事半功倍。

第四节　短视频引流，当下最流行的引流模式

短视频平台作为当下最火的自媒体平台，是吸引流量炙手可热的香饽饽，无论是个人还是企业，都想在短视频平台分一杯羹。短视频平台更是很多人创业的首选之地，因为这里是可以实现大家低成本创业的最佳之地。那么对于想做副业的你来说，也可以通过短视频平台进行引流，最终实现变现。

在短视频平台，要想吸引粉丝，就要制作优质的短视频。只有利用优秀的短视频，我们才可以收获大量粉丝，并产生粉丝经济。在移动互联网时代，粉丝经济具有无穷的潜力。有了粉丝之后，再想办法将流量变现，营销也就成功了。

如果你还在为自己的副业引流发愁，那么你可以选择短视频平台进行引流。

爱吃的猫是一家教育培训机构的英语老师，有着7年的教龄。老师

的工资薪水一般在 10000～15000 元，这还是高水平的英语老师的薪酬。爱吃的猫为了提高自己的收入，开始琢磨做一些副业。

那么做什么副业呢？这是一个需要认真思考的问题。她分析了自己的能力和优势，认为自己最大的优势还是做英语老师。那么怎么把自己的这个优势开发成副业呢？一次偶然的机会，她发现身边的许多人在玩抖音，不光是年轻人，各年龄段的人也有。她发现抖音这个平台有着巨大的流量，并且可以收获的流量不限地域、不限时间。那么，她就想自己是不是也可以利用短视频平台把英语课程讲给更多的人听，让更多的人可以听到自己的课呢？

她发现这是一个可行的办法，但是她自己没有制作短视频的经验，这让她多少有些犹豫。但是，犹豫是没用的，不试一试怎么知道自己行不行呢？于是，她买来了很多讲如何制作短视频的书籍，从零开始学习如何制作短视频、学习如何运营短视频、学习如何让短视频增粉和吸引更多的流量。

经过研究，她发现普通的短视频是不会吸引大家观看的，你必须要有自己的亮点，才能吸引更多的人观看你的短视频。那么，如何让自己的短视频有特色是她需要解决的问题。她想，既然短视频是给小朋友看的，不如把短视频制作成动画的形式，增加短视频的趣味性。正好她的老公就是做动画设计的，她就让她老公帮她设计动画视频，自己往里面填充课程内容，每一个视频只有15秒，只讲述2个单词，简单易理解。通过短视频吸引了大量流量以后，她就会在短视频中向大家发布开设线上课程的消息，鼓励粉丝们踊跃报名。而线上课程的好处是，多少人报名都可以，其不受场地、地域的限制。由于她的视频非常受大家欢迎，很快就有300人报名。

爱吃的猫一般是利用自己下班后和周末的时间与老公一起完成动画短视频的制作，这并没有影响她的主业。在招收了300名学员以后，她就要挤出更多的时间来备课，第一次课程培训是打响名声的机会，即使自己有着丰富的教学经验，也绝不可以掉以轻心。很快，第一次培训课开始了，第一节课总体上比较成功。但由于是第一次开设线上课程，与线下课程有些不同，她还是有点儿小紧张的，不过她很快就适应了。2个月后，第一次线上课程圆满结束了，一期的课程让她赚了15万元。这让她觉得自己选择短视频这个平台引流是对的。因为后续的工作越来越多，她最终选择辞职，专心来经营自己的短视频。

案例中爱吃的猫就是利用短视频引流，开通线上课程，最终实现了变现，开启了赚钱之旅，最终把副业变成了自己的主业。可见，短视频平台有着很大的流量，如果你想利用一些平台或者工具来吸引流量，可以选择短视频平台。

不过，短视频平台有很多，如抖音、快手、西瓜视频、秒拍、哔哩哔哩、火山、今日头条等，所以你在选择短视频平台进行引流的时候，一定要分析平台的用户群体的特征，有选择性地发布短视频，这样才能更加精准地吸引目标用户。

在选择了正确的短视频平台后，可以通过以下几个方面制作优质短视频。

1. 内容定位

在制作短视频之前，你要确定你的短视频内容。制作短视频并不是人们认为的专业摄像设备拍摄下来的作品就是原创作品。要知道，一个好的原创短视频一定要进行内容定位。通常短视频的内容大概可以分为两类：一类是有趣的内容，如搞笑类短视频、模仿类短视频等；另一类是有用的内容，如美食制作、拍照技巧、Excel 教学等。

在选择短视频引流的时候，你要进行内容定位，确定自己要制作哪方面的内容来吸引用户。精准的内容定位才能有效吸引目标用户，为你的副业打下流量基础。

2. 写文案

在确定好内容之后，接下来要做的就是写文案。任何一个高质量的原创短视频都要有拍摄文案。因为一个原创短视频的创作是需要经过不同的镜头来表达同一个主题的。

文案策划得好与坏直接影响短视频原创内容的质量。不同的内容需要设计不同的文案来体现。短视频内容是重点，文案是衬托内容的绿叶，但原创性短视频内容一定要有好的文案，这样才能达到突出主题的目的。

文案写作的基本原则就是调动用户情感，使用户产生共鸣。这个文案要能体现你的副业内容，提前在用户心里打下基础，方便后面的营销。

3. 拍视频

在策划好文案之后，就要进行短视频的拍摄。在拍摄的过程中，可以根据不同的角度，用不同的设备拍出不一样的效果。

4. 剪辑

拍摄完成之后，接下来的工作就是对视频进行剪辑。通常短视频为15～60秒，像西瓜短视频是2～3分钟，你要根据平台的规则来确定视频时长。在剪辑的过程中，你要根据主题对拍摄的内容进行取舍，要注意轻重得当，重要的地方就要加长时长。

5. 与粉丝互动

视频发布之后，要注重与粉丝的互动，要看评论区的留言，看粉丝们的反应。同时你要及时回复粉丝的留言，从粉丝的留言里深挖粉丝真正的内在需求，然后制作出符合他们需求的短视频，这样才可以吸引粉丝长久地观看你的短视频，增强粉丝的黏性。

与粉丝的互动可以拉近与粉丝的距离，建立与粉丝之间的信任。这样不管你是通过短视频营销课程，还是其他产品或者服务，他们都会支持你。这就是短视频给你带来的粉丝经济。

如果你的副业是需要一定流量的，比如你要开设课程培训，你就可以通过短视频引流的方式，制作与课程培训相关的短视频，提前运营。在与粉丝建立了一定的信任之后，就可以向粉丝营销你的课程。

以上是制作短视频和运营短视频的要领，如果你也想通过短视频引流，可以参考以上方法。

第五节　直播引流，实力圈粉就这么简单

近年来，直播带货是一种非常火爆的营销方式。无论是普通人，还是各大企业，抑或是明星，纷纷在直播带货的路上试水，直到走出自己的一条成功之路。当然，我们这里主要不是要讲直播带货的事，而是要讲通过直播给你的副业引流的事。

如果你的副业需要很大的流量，你也许可以依靠直播进行引流。如果你想依靠直播吸引流量，那你就要先了解直播这件事。

路易王是一家私企的数据库管理员，平时经常跟一些数据打交道。路易王每天过着朝九晚五的生活，可他不想这样，他不想只有一份工资，不想一辈子为别人打工。于是他就琢磨着构建一个新的收入渠道，即开创一份副业。他希望这个副业不会对现在的这份工作有所影响，同时又希望这份副业能够为自己带来源源不断的收入。

一次偶然的机会，路易王在刷短视频的时候观看了一场直播。他就开始琢磨，直播这个行业能为主播带来多少收入。他发现，很多人做直播不光是卖东西，还可以通过直播讲课，讲什么内容都可以。路易王开始琢磨，自己是否可以通过直播为自己开启一份副业呢？

在经过一番思考后，路易王觉得自己可以利用直播给大家讲课。因为自己有建立数据库的经验，于是他把自己在这方面的经验写成了一套课程，还写了很多技术难点。在编写课程的同时，他还用直播吸引粉丝。一开始，他也不知道怎么运营直播账号，所以他就观看了很多大号主播的直播讲课，学习他们的讲课经验和吸粉经验。他发现这些人在直播的时候都很热情，直播间的气氛非常好，大家有着非常好的互动。当然在直播的时候，主播还会输出很多干货，因为大家来观看这种知识输出的直播就是来学习的。因此，你一定要输出一些对他们非常有用的知识，才能吸引大家来观看。

经过一番学习，路易王就开始了自己的直播之旅。在直播的时候，路易王不仅会输出关于建立数据库的知识，还会与粉丝进行互动，时不时地给大家唱首歌，提升一下直播间的人气。当然他的目的主要还是推出线上课程，搞直播主要为了把直播间里的流量都引流到他的线上课程上。通过几场直播，路易王吸引了几万的粉丝流量。在直播的时候，他向大家推出了他的线上课程，因为大家都很认可他在数据库这方面的专业能力，所以也相信他的线上课程一定会非常好，于是在直播间里纷纷报名参加他的线上课程。没想到，第一期课程就有299个学员报名，这让路易王非常惊喜。

因为做线上课程是比较复杂的一件事，所以路易王在直播间里招收了两名助理，协助他一起开办这个线上课程。第一期课程很快就开课了，经过3个月的学习，学员们都收获了满满的干货知识。与此同时，他们也与路易王建立了一定的信任。如果他们身边有需要这方面知识的朋友，他们都会推荐朋友报路易王的这个课程。当然路易王也没有让这些学员失望，凡是推荐朋友报名参加他的课程的，都会免费赠送给学员2节课，这大大增加了学员们的积极性。

通过直播引流，路易王的线上课程让他赚到了12万元左右。这次线上课程让路易王看到了希望，他决定把这个副业继续做下去。通过副业，他认识了很多志同道合的朋友，自己的收入结构也变得更加合理，收入也开始增长。

路易王在做副业的时候并没有耽误自己的主业，相反促进了他主业的发展。在准备线上课程的时候，他把自己这些年在数据库建立方面的经验都总结了一遍，这让他在工作的时候更加得心应手。这也让他在做副业的时候更加没有后顾之忧，他放弃了一切娱乐活动，充分利用自己的业余时间备课、运营自己的直播账号。

最初他也有过犹豫，因为自己没有接触过直播，不知道自己通过直播能不能吸引到流量。但是经过慎重的考虑后，他觉得做直播也不用投入太多成本，不试一试怎么知道自己做得好不好呢。在第一次直播的时候，他的直播间也只有几个人，还都是自己的朋友。但是通过朋友帮他推广，加上使用了一些运营手段，只用了一年的时间，直播间的粉丝就涨到了近 10 万人，这让他非常高兴。

当然做这种副业的时候，最初的时候是不赚钱的，是需要运营和推广的。只有经过前期的积累，后期才会进入爆发期。

如果你的副业也是需要吸引流量的，你可以通过直播引流这种方式。那么都有哪些副业可以通过直播进行引流呢？

1. 付费知识

如果你的副业是一些付费知识，可以通过直播进行引流，如语音课程、音频课程、付费专栏等，这些都可以在直播间里进行宣传和营销。

在宣传付费知识的时候一定要提前做好准备、写好文案，在直播的时候把它们的亮点充分展示出来，突出它们可以帮助用户解决哪些方面的难题和满足用户哪些方面的需求，让用户听了就会心动，觉得这个付费知识值得购买。

2. 实物产品

如果你的副业是卖一些日用品、美妆产品、服饰产品、食品等，也可以通过直播进行引流。在直播的时候，你要把这些产品的功能、特点、新奇之处展现出来。

通过直播做营销比静态的图片要更加直观，因为用户看到的是动态的、全方位的产品展示。这样用户可以更直观地了解产品，从而可以准确判断自己是否需要这个产品。

如果你销售的是服装，你可以在直播间里进行试穿展示，让用户看到这件衣服的上身效果，提升用户的体验感。现在人们买产品，不光看中产品的质量，还注重产品给自己带来的体验感，而试穿往往能刺激消费者直接在直播间里进行购买。

如果你销售的是食品，你可以直接在直播间里进行试吃，把这个产品的真实口感分享给用户。用户通过你的语言描述和吃食物时享受的样子就能判断出这个产品是非常美味的。

3. 才艺展示

如果不卖任何产品，你可以在直播间里展示自己的才艺，如唱歌、跳舞、画画等，并与用户进行实时互动，用户就会在直播间里给你打赏，打赏便可以作为你的副业收入。

总之，你要分析你的副业属性，然后确定你的副业需不需要通过直播来引流。如果需要，你就可以利用直播进行引流，不需要就可以考虑利用其他的方式进行引流。

如果需要通过直播进行引流，你要了解直播引流的方法和技巧。通过直播进行引流有以下两种方式。

1. 自己建立直播账号

你可以建立一个直播账号，自己养号。建立账号的初期，你需要投入比较大的精力，要准备直播的内容，通过各种途径吸粉。这个时间会比较长，也会占据你相对较多的时间和精力。但是如果你找到方法和技巧，肯下功夫进行钻研，是可以通过直播吸引到流量的。

2. 与网红合作

如果你不想建立属于自己的账号，你也可以选择与网红达人合作。网红达人往往有着很大的粉丝群体，通过网红达人帮你带货，不仅可以提升你的产品销量，还可以帮助你省去建号、养号的时间和精力。但是，其缺点是这些粉丝不属于你。

无论你选择哪种方式为你的副业进行引流,你都需要考虑清楚,要选择适合自己的引流方式。

实践环节:

写出能够帮你的副业引流的平台,并说明如何通过这些平台引流。

1. _____

2. _____

3. _____

第六章
副业运营，懂策略才能走得长远

第一节　分析趋势，抓住身边的一切机会

我们在有了想做副业的想法以后，在平时的工作或者生活中就要多留心，看看有什么机会可以挖掘出一些副业来。

在我们探寻副业的时候，我们要善于分析当下的趋势，分析身边可利用的资源，抓住一切可利用的机会。

李晨在一家物流公司做部门管理主任，其工作内容主要是清点公司的货物，然后把货物的信息准时上传到网上，进行实时跟踪，并把物流信息反馈给商家。这些工作内容非常简单，没有太大的变化，除了负责这些事情，他还负责管理手下的员工，给员工分配任务。

这样的工作李晨做了好几年，已经非常熟悉了，胜任日常工作可以说毫无压力。但如果想要晋升，可能性有些小。因为他们这种工作上升空间有限，人员和职位相对稳定，升职机会不多，只要自己的上级干得好，下面的人员就不太可能晋升。而且就算上级领导调离了，公司也不

太可能从下级员工中提拔，而是倾向于从别处调新的领导过来。所以，李晨虽然工作出色，但短期内获得晋升不大可能。

李晨是一个不甘于现状的人，眼看职位晋升无望，他决定努力提升自己的技能，塑造个人优势。他主动学习PPT设计，帮很多人做汇报业绩报告时要用的PPT。李晨的历任领导有需要都找他做，后来他又主动参加公司的PPT设计比赛，获得了第一名。这样在公司内，大家就都知道他PPT做得很厉害。慢慢地，他的这个能力被越来越多的人知道。

就这样，身边的朋友找到李晨，说他的一个朋友想找人做PPT设计，问李晨愿不愿意做。李晨想这是一件好事啊，自己正发愁不知道找什么副业呢。做PPT是自己擅长的，自己为什么不做呢？但是李晨也在心里告诉自己，做副业可以，主业也不能敷衍，主业也要做好。于是他利用业余时间做起了PPT设计。在做PPT的时候，李晨可以继续打磨自己的PPT设计技能，还可以培养自己的时间管理能力和项目管理能力，这样对自己的主业也会有所帮助。由于做PPT越来越专业，他的订单随之也越来越多，而且很多都是回头客。

李晨把做PPT的事情全部放在业余时间，只缩短了自己的娱乐时间，这样他就可以很好地兼顾主业与副业，不会让二者起冲突。如果晚上没有时间做，他就会早起，利用早上的时间做PPT设计，反正绝对不会耽误自己交稿的时间。上下班的路上或者吃饭的时候，他也会进行设计，在头脑里进行构思，构思好后在有时间的时候就会进行创作。他还会把自己的想法绘制成思维导图，这样早上起来就能集中精力填充内容，在规定时间内交稿了。

这种工作方式在无形中提升了李晨的时间管理能力和任务分解、计划等项目管理能力，这反过来使他的主业也更加有效率。这让李晨非常高兴，他没想到自己的副业还促使自己的主业有了更好的发展。

从上面这个案例中我们可以看出，李晨在努力提升自己专业技能的同时，抓住了身边的机会。在朋友找到他做PPT设计的时候，他没有选择不做，而是接下了这个活，把自己的PPT设计越做越好。他虽然发展了自己的副业，但并没有影响他的主业，反而在平衡主业和副业之间的关系的时候，提升了自己的时间管理能力和项目管理能力，大大促进了主业的发展。

那么我们在运营副业的过程中，该如何分析身边的趋势呢？

1. 职业的上升空间

案例中的李晨就是分析了自己职业的上升空间，他发现自己的职业在两三年之内很难有上升空间，于是，他不在职位上升这件事上过多地思考，而是开始转战提升自己的技能。俗话说，技多不压身。

当你在当前职位上短时间内没有晋升的机会时，有以下两个原因：

其一，是个人能力问题，你暂时还达不到升级的标准；其二，公司没有供你晋升职位，有时候即使有空位，公司也会外调或者空降，不会从普通职员中提拔员工。在这种情况下，我们就不要再琢磨怎么花精力去晋升，而要想办法多学一项技能。多学习一项技能会让你多一条出路，多一个选择，使你不至于因为自己的工作有所变动而让自己变得非常被动。

2. 收入的上升空间

收入的上升空间往往跟职位的上升空间有关系。如果职位上没有提升，收入往往也不会有大幅的提升。有些职业的收入会有所波动，像销售类职业，有的时候业绩好了会有一定的涨幅。但是销售业绩也不是每个月都有所增长的，这与很多客观因素也有关系。但很多职位的收入往往涨到一定的数额后，基本不会再有变化。

当你的收入已经到了一个峰值，很难再有所突破，而这个职位又没有上升空间时，你的主要收入就很难有所增长。

3. 自己能力的提升

除上面两种情况之外，最令人不愿接受的就是第三种情况。即自己的能力、技能或者价值在目前的工作岗位上不能有更大的突破，也没有发展，基本处于停滞状态，没有上升空间。

这个时候，你就要想办法学习一些新的技能来填补这个能力没有上升空间的缺陷。在学习新技能的时候，就可能是你发展副业的时候。

当自己的身上出现了上述3种情况的时候,你就要分析自身的能力,分析自己可以学习哪些新的技能,并在新的技能上探索自己的副业。

第二节　找到榜样,为自己树立标杆方向

在发展副业的时候,我们有时候会感到迷茫和困惑,遇到一些问题不知道找谁来解决。如果在这个时候有一个榜样为你指点迷津,那么我们就会少走很多弯路。我们可以把副业领域的资深人士作为我们的榜样或者贵人,在发展副业的路上可以向他们请教遇到的难题。

王磊是一家教育公司的区域经理,负责一个区域的运营。他平时比较喜欢健身,经常去健身房做运动,但是一张年卡就要花费一万元左右。王磊就觉得开健身房可真挣钱,如果自己也能开一家健身房是不是也可以挣到钱呢?健身完,王磊回到家就跟自己的老婆商量,说自己也想开一家健身房,这样既可以天天健身,又可以有一定的收入,是一件好事。

但是他的老婆不同意,说健身这个行业比较辛苦,要付出很多的精

力，还要有专人进行打理。最重要的是，开一个健身房要投入大量的资金，如果经营不善，这些钱就打水漂了。

王磊知道，如果开一家健身房的话，自己的主业有可能受到影响，如果真的折腾了一两年，最后没有收入，那就白白浪费了钱。王磊虽然觉得老婆说的话有道理，但还是有点儿不死心。于是他去请教开健身房的经理李先生。

李先生对王磊说："要做健身房，最难的是发展客户，你要做老板，必须懂经营，懂得如何管理好一个店铺。对于我们这行来说，寻找客户是非常难的一件事，尤其是如何留住老客户。除此之外，你还要找到专业的教练，而像店面、设备这些都有办法解决。要想赢得客户，你必须足够专业，能够让客户看到效果。如果你真的想干，你就必须懂这一行，你自己就得参加训练、考取资格证书，然后开始做，看看能不能吸引来用户。如果能吸引来用户，你就可以考虑要不要自己开一个店铺。就像很多人开理发店，他一定是自己懂理发的，在理发这个行业干过几年，才敢开一家理发店。"

王磊听了李先生的话，参与了专业的培训。经过3个月的集训，他了解了一些健身行业的专业知识，但是实践经验还是相对欠缺。于是，他来到李先生这家店做教练。他的第一个客户是自己在大街上认识的，他主动问这个人要不要健身，没想到这个人说自己最近正有所打算，于是他们就来到了健身房。但是当客户问道需要花多长时间能练出腹肌的时候，王磊就不知道怎么回答了，把老师教的都忘到脑后了。还好当时李先生在场，耐心地告诉客户，这个没有一个具体的时间，取决于个人的体质和锻炼程度，因人而异，有的人很快，有的人很慢。但是，只要坚持，在教练正确的指导下，一定会练出腹肌的。

通过跟着李先生学习，王磊慢慢学会了如何把握客户心理诉求；如何巧妙地运用专业知识击中客户痛点，促成交易。同时，王磊也发现了自己的优势——就是自己比较能和客户聊得来，什么样的话题都可以，这样更容易赢得客户的信任。凡是找他做健身教练的客户都愿意跟他聊天，健身、生活、工作的话题都有涉及。

在与李先生一起工作的时候，王磊发现经营一家健身房是一件非常不容易的事，要操心的事太多了，不是简单教人做健身这么简单。于是，他基本打消了自己开一家健身房的念头。但是，自己怎么把健身发展成自己的副业呢？

李先生说："其实我们现在更多的是采用一种合伙人的经营模式，你有技术出技术，你有钱就投钱，你懂管理就负责经营。每个人负责不同的部分。如果你想来我这里干，你就做健身教练。你可以自己联系客户来我这里做健身，我提供场地和设备，而我从你收取的费用中拿走一部分提成。"

王磊一琢磨，觉得这种模式既不耽误自己的主业，又能赚取一些额外的收入，就答应了李先生的请求，以合伙人的身份加入了这间健身房。

王磊在发展自己的副业的时候遇到了一个榜样，这个榜样他在选择自己的副业的时候给了他一个很好的建议。如果你也想找到这样的能够帮助你探寻副业发展的榜样，都需要注意哪些方面呢？

1. 确定要发展的副业的行业类型

首先你要列出你感兴趣的行业类型，然后在这些行业中找到自己想要发展的副业选项，最后在这个领域里找到2~3个榜样。这个榜样不能太多，太多的话你没有过多的时间和精力去学习。如果能找到一个也是可以的。

2. 通过多渠道寻找榜样

在寻找榜样的时候，你可以通过多种渠道，如社交媒体、书籍、朋友、同事、大学导师、专业论坛、微信公众号等，寻找合适的榜样。这些榜样有的是我们接触不到的人，有的是平时我们就能接触到的人。

能够接触到的肯定会更好，这样你有任何方面的问题都可以直接向他们请教，他们也会给你更专业的指导意见。接触不到的也没关系，你可以通过社交网络或者论坛与他进行沟通交流。

3. 明确你想从榜样那里学习什么

你要分析自己当下的状况，明确你想从榜样那里学习什么。比如，你没有写作经验但想把写作作为自己的副业，那么你就需要培养自己的写作能力、构思能力、逻辑思维能力等。有了这个目标，你就知道要找什么人来做你的榜样了。

或者，你想学习榜样的生活方式。有些人对很多事情有比较前卫和先进的看法，你或许会受到他们的影响。观察他们的生活方式对你的生活状态的调整也有一定帮助。

4. 确定你的榜样是否合适

如果你打算把这个人作为你的榜样，想向他寻求一些帮助，你要确定他有没有时间，有没有帮助人的意愿。如果这两点都不符合，他就不适合做你的榜样。在与他的日常接触中，通过对他的了解，你就应该判断出他是否适合做那个愿意给你一些帮助或者意见的榜样。

5. 放低姿态，真心请教

在确定了榜样以后，你可以直接问对方："我想向您请教一些专业领域的问题，可能会经常占用您的休息时间，您是否愿意？"

如果他同意了，你就要放低自己的姿态，真心向榜样请教。那如何向一些不太熟的人请教呢？如果是一些培训课程的老师，你可以申请做他的助理，或者进入他创办的社群，成为他的优秀学员，引起他的注意，等等。这些都有助于拉近你们的关系。

当然，在与榜样建立关系的过程中，不要过于在意他的说话风格。有的人说话是比较直接的；有的人说话会委婉一些，会考虑你的感受。但是在遇到那些说话比较直接、有什么问题直接就给你指出的人，你也不要生气，因为能够帮你指出问题就是没把你当外人，在这个问题上不要拘泥于小节。

6. 懂得感恩

在你获得榜样的指导之后，要怀着一颗感恩的心，平时要多表达自己的感谢之情。尤其是你在副业中取得一定的成就之后，更要记得感谢你的榜样在你需要帮助的时候对你的帮助。你可以通过多种表达方式，比如，在电话里感谢、上门亲自感谢、公开场合表达感谢等，总之就是让你的榜样感受到你的感恩的心。

第三节　运营规划，让副业更持久

要想让副业的路走得更长远、更持久，就要懂得运营规划。比如懂得给自己的副业定目标、关注市场动态和行业趋势、及时调整商业方向等，这些都是需要我们进行运营规划的。

就像一个学生要考上清华大学，他就要制定学习目标、关注考试内容的变化、及时调整自己的学习内容，只有这样，他才能朝着既定目标前进，提高自己考进理想大学的成功率。

那么，我们来看看在运营副业的时候，有哪些因素是我们必须要考虑的。

1. 设定目标

在做一项副业之前，我们会给自己的副业设立一个远大的目标。这个目标是宏观的，比如写书，你希望这本书用多长时间能够写完，大概能卖多少万册，你心里会有一个预期目标。然后根据这个目标，你会把它拆分成不同的小目标。比如，你预计这本书写十万字，两个月完成。那么去除休息日，按照正常工作日计算的话，你每天大概需要写 2500 个字。

设定目标有助于你推进项目的进程，随时了解项目的进展程度。自己距离目标还有多少任务没有完成，或者自己超过了目标进程，这些都是可以通过大目标的拆解来了解的。

在确定了具体的小目标之后，最好每天都把自己的项目进度做个记录，列一个 Excel 表格，把自己每天的项目进度填写到表格里，还可以写下完成当天项目的心得，就像写日记一样。这样在第二天开始的时候，你可以回顾之前的项目进展，还可以欣喜地发现自己离目标又近了一步，这对自己来说是一种鼓励。

有目标和没有目标是不一样的。没有目标的人就好像在大海上找不到航行的方向，永远到达不了目的地；而有了目标之后，你会就知道自己的前进方向，此时你只需要朝着方向努力就行了。

2. 看准时机，随时调整副业方向

很多事情的发展是有一定的时机的，错过了这个时机，你再想从头再来，就会十分困难。很多事情都讲究天时地利人和，但是有时候我们看不到这个时机，只会关注当下事情的发展。很多人的习惯是把这件事情做完再去做另一件事情，不喜欢把一件事情做到一半就搁置在一旁，转而去做其他事情。这就导致一件有发展前景的事情最终因为错失机会而失去了成功的可能性。

2020年，小李一直在家办公，收入有所降低，他就想找一些副业做做。于是，他看到朋友圈里的很多朋友在做微商，就想着自己也卖点啥。经过一番思考，他决定在朋友圈里售卖各种零食。在售卖了一段时间之后，他发现儿童线上教育是比较火的一个项目，但是他认为，既然已经开始卖零食了，就要坚持一段时间，因此没有在朋友圈里推广儿童线上课程。但是，经过几个月的发展之后，他发现他有一个做儿童线上课程推广的朋友已经在这几个月里赚了好几万元了。于是他后悔了，觉得如果自己当时就决定推广儿童线上课程，那他现在肯定已经赚到了不少了。即使现在他想做，也已经没有什么市场了。

这个案例说明了，在发现了一个事情有发展前景的时候，要抓住时机，及时调整副业的发展方向。

其实，对于未来的发展方向你可以提前做一些预设，预设的结果基本上有三种情况。

第一种，大的方向基本保持不变，但是需要调整策略。

第二种，感觉自己的发展方向有问题，需要考虑要不要放弃现在的项目。

第三种，保持不变，继续推进现在的策略。

你需要结合自己副业的实际情况，选择一个适合自己的发展方向。但是，需要注意的是，任何发展方向都不是一成不变的，其都是随着事情的发展而不断变化的。所以你要保持敏锐的洞察力，时刻关注市场的变化和发展趋势，及时调整自己的发展方向。同时，我们要不断提升自己的技能，以应对不断变化的市场需求。只有这样，我们才能在副业的道路上越走越远。

第四节　总结复盘，提升成功概率

当我们的副业发展到一定程度的时候，我们要对之前所做的一些工作进行总结复盘，通过对过去的思维和行为进行回顾、反思和总结，最终朝着正确的方向前进。

1. 对副业现状进行全盘分析

你要对你的副业做一个现状分析，做到心里有数。这个分析的过程也是自我审视的过程，如自己有哪些优势，有哪些不足，哪些能力需要提升，有哪些事情需要别人的帮助。

以我自己为例，我在写这本书的时候对自己的现状进行了具体的分析。

（1）现在写到什么程度了

已经写完一半了，预计还有一个月就可以完稿了。

（2）延期还是提前

如果没有特殊情况，应该能在规定期限内交稿，有可能提前。

（3）有没有什么特殊情况出现

有遇到一些困难，在写案例的时候，需要找案例中的人进行访谈，有时候会出现约不到他们的情况。

2. 反思

反思是指我们在发展副业的过程中，要对出现的问题进行复盘，要把这些具体出现的问题一一列出来，然后进行解答。

①结果和目标的差距是多少？是什么原因导致发生了偏差？

②有哪些事情做得好？具体好在哪里？哪些因素使事情朝着好的方向发展？这些因素里哪些可控，哪些不可控？

③哪些事情做得不好？具体不好在哪里？哪些因素使事情朝着不好的方向发展？下次是否可以避免类似事情的发生？

④你在这些事情中获得了什么？比如技能、能力、知识、人脉、资源等。

⑤你现在遇到什么困难？怎样去突破？

这些问题都是可以在反思中总结的，并且在总结的时候一定要把问题具体化，不能太笼统，只有对具体问题进行具体分析，才能让你经营的副业的成功率更高。

既然复盘可以大大提升事情成功的概率，那么其究竟能给我们带来哪些好处呢？

1. 避免同样的错误犯两次

我们的发展肯定不会是一帆风顺的,总会遇到各种问题和挫折。就像现在的直播,主播每天下播后都不能直接休息,都要进行复盘。这是他们每天必须要做的工作。

而我们在做自己的副业的时候也要进行复盘。当工作进行了一段时间之后,我们就要进行一次复盘,看看在推进副业的过程中有哪些错误是下次可以避免的。

就像之前说到的双双,她的微商之路也并非一帆风顺。在接触"芳香世家"这个产品之前,她也接触了很多微商产品,但是那些产品最终因为各种原因不再畅销,只能不了了之。但是在做"芳香世家"这个产品之前,双双进行了复盘并总结了挑选产品的方法。最后,双双运用这个方法选中了"芳香世家"这个产品。她认为这个产品非常适合做微商,它有市场前景,效果堪比大牌,但比大牌的价格便宜一些。另外,这个产品是日常消耗品,是每一个女生都需要的。所以,这个产品可以做下去。经过复盘,双双没有像之前一样因为没有挑选好产品而导致产品滞销、货品堆积在自己手里。这次,在挑选商品的时候,双双选择一个质量非常好,而且不用囤货的产品来销售,减少了投资的风险。双双还对产品销售不出去的情况做了各种预测,同时针对每种预测结果做了相应的应对方案。最终，在双双的努力下，这个产品获得了很大的销量。

这就说明复盘可以帮助我们避免在同一个问题上犯两次错误。那么为了更好地避免犯第二次错误，我们可以把这个事情复制出一个模板或者流程，以便自己日后使用。

第一，提前进行预测，针对预测出的各种结果制定应对策略，分析策略的成功率。

第二，在项目推进过程中，实时分析项目的发展方向，然后针对性地选择之前制定好的策略执行。

第三，及时复盘，查漏补缺，总结经验，改变思维范式，提升应对能力。

这个模板适用于任何项目。

2. 在复盘中提炼新的思维

在一件事情发生之后，我们往往能够获得属于自己的心得和体验，而这些心得和体验都是从自己所从事的事情和项目中得来的，更真实、更实用，也更愿意被我们应用在后续的项目推进里。

王晶的副业是搞课程培训。他在开课前投入了很大的精力和时间，希望可以招收到更多的学员来参加自己的课程培训。但是第一期课程结束后，学员们反响并不是特别好。很多老学员并没有继续报第二期的进阶课程。第二期学员的招收情况也不是特别好，陆陆续续地只招收到了109名学员，比第一期的学员少了很多。

经过复盘，他发现自己在课程培训这件事上主要存在四个问题：第一，他只从自己的知识储备、实战经验、过往经历等角度讲课，自己懂什么就讲什么，完全没有考虑学员的需求，没有站在学员的角度思考问题，这样就导致课程内容有点儿脱离实际；第二，他的讲课风格不够幽默，有些直白，不太吸引学员；第三，没有与学员做好课下沟通和互动，没有及时获取学员的反馈，导致学员对某些知识点没有理解到位；第四，不懂得推销自己的课程。

在经过复盘之后，他针对上面这些问题提炼了一些新的培训和运营思路：其一，调整自己的课程内容，融入学员比较关心和比较热门的知识点，切实帮助学员解决工作中所遇到的一些常见问题；其二，讲课方式不要太死板，要灵活一些，尽量幽默一些；其三，与学员做好线下的沟通和互动，及时获取学员的反馈，与学员建立信任；其四，学一些营销知识，多推广自己的课程。如果自己不行，就请教一些专业的朋友，或者请他们帮忙推广，或者招收一个助理来主要负责推广事宜。

经过复盘之后，在第二期课程开始时，王晶就做出了一定的调整，他与学员的互动性提高了；课程内容调整以后，学员们的学习积极性也高了很多,学员们也愿意介绍自己的朋友来参加王晶的培训课程,主动帮助王晶做起了推广。

可见复盘是有一定的作用的,因此,你在发展副业的时候一定要养成复盘的习惯,这会对你副业发展有很大的帮助。

那么,复盘通常在什么情况下进行呢?

第一种情况,副业的发展遇到了突发事件,这个事件是不可逆的,给你造成了一定的损失。

第二种情况,就是把它设为一种常态,定制举行,比如每周、每月、每半年,可以根据事情的发展进度来决定具体的复盘时间。

能把复盘常规化是最好的,因为这样可以避免很多问题的发生,即其有一定的预测作用。

第五节　学习成功经验,降低副业路上的风险

在副业这条路上,一些有成功经验的人会告诉我们如何在探索副业的路上少走一些弯路。如果我们学习了他们的成功经验,我们就可以尽

早避开副业路上的一些"坑",可以减少损失成本、降低风险。

那我们以人物访谈的形式来了解一下,在探索副业的路上如何规避一些风险,跳过一些所谓的"坑"。接下来我以对话的形式把内容展现给大家,这个人物是在行 App 上的职业生涯规划师窦艳。

(1)您在探索副业的路上最大的心得体会是什么?

窦艳:"我最大的心得体会是不要害怕失败。万事开头难,只要迈开了第一步,接下来就好走了。任何事情都是这样,不能还没开始就想着失败了。即使你的副业之路进行得不顺利,或者不断地出现错误,那又怎么样呢?失败了我们也可以从头再来,尤其是我们还有着年龄优势。我们越早明白这个道理越好。

就像我在做职业规划师的时候,经常会遇到一些年轻人对自己的职业或者副业处于一种迷茫的状态。我会告诉他们,不要害怕失败,要敢于尝试和探索。即使你失败了,也没有什么可害怕的。你在这次失败的事情中可以总结出经验和教训,对你日后的发展会有所帮助。就好比你销售某种产品或者服务,你只有在不断的测试中才可以不断地改进它、完善它,你不可能一次就做到非常完美。当然这里并不是鼓励你花较大的成本去进行尝试,如果能以最小的成本进行尝试是最好的。"

(2)您在发展副业的路上会怀疑自己的能力吗?

窦艳:"我不会。在发展我的副业的时候,我不会怀疑自己的能力。

我对自己一直比较有信心，因为我相信人的潜力都是可以挖掘的，也可以靠后天的努力，我们不要轻易地否定自己。

我有很多个副业渠道，在探索副业的路上也有过失败。但我不会因为一次小小的失败就给自己打上失败的标签，不会给自己的人生设限。每个人的人生都有无限种可能，这都需要你自己去发掘。首先你要打破自己的思维局限，要认为自己不可能不成功。不否定自己不是说让我们做一个自负的人，而是要我们学会相信，相信自己就是能够做到。你只有相信自己有这个能力，你才能创造自己人生的奇迹。

当我们看到别人做成一件事的时候，我们可以思考自己是不是也可以像她一样做成这件事情，而不是急于否定自己。你可以试着思考，我可不可以做这件事，我怎么做才能把事情做好。这才是我们要思考的问题。"

（3）你在做事业时，有着怎样的初心？

窦艳："这个初心我理解的是这个事情能够给用户带来更多的价值，让你在赚钱的同时能够获得一定的满足感和荣誉感。就是这个事情一定是有意义、有价值的，不光是为了赚钱去做。如果在经营一份副业的时候，这个副业能够让你体会到更多的快乐，这个副业就会走得更长远。

比如我接触的一个用户，她是做微商的，卖减肥产品。她是自己亲自试用了这个产品，发现这个产品真的好用。这样，她再把产品推荐给用户的时候，就会觉得自己是在帮她们，而不是单单为了钱。很多用户在用了这个产品之后确实瘦了很多，这些客户就会来感谢她，这让她特别有成就感，她觉得这是一份有意义的事业，是真的能够帮助客户解决问题的。因此，她的这份事业越做越大，直到现在还在做。这份事业让她收获了金钱，也让她收获了很多朋友。

我们在做一份事业的时候，不能只看眼前的利益，要真的站在客户的角度考虑问题，不要忘了自己的初心。"

（4）您对正在探索副业的年轻人有什么好的建议？

窦艳："如果你的副业已经发展得有一定规模了，切记不要盲目扩张自己的事业版图，业务不要铺张得太大，要考虑自己的能力、资源、精力能不能支撑事业的运转、要脚踏实地、一步一个脚印地走。不要为了赚钱做一些假大空的事情，把自己的业务能力吹得很厉害，最后没有完成，这样会影响你的信誉，不利于你日后的发展。

比如，有一个人的副业是做课程培训，他给大家承诺的是如果教不会大家写作，我就给大家退款。事实是他真的做不到，他能让大家听几节他的课就变得特别厉害吗？肯定不能。人和人的能力是有差别的。因此，要实事求是、真实地告知你的用户你的课程能够给他们带来什么样的帮助。"

（5）如果您有一个小团队，您会如何做一个好的管理者？

窦艳："副业的路有很多种，可以一个人单打独斗，也可以选择团队合作。如果你的事业发展得越来越大，你肯定要组建一个团队。作为团队的管理者，你要给自己进行明确的定位，哪些事情是你该管的，哪些事情是你不该管的，要有明确的分工，不能眉毛胡子一把抓，否则最后只能是顾此失彼。

团队讲究的是协作能力，你要确定你的职责是什么。你的职责是确保事情发展的大方向，是做一些战略布局和掌控。具体的执行都要交给团队成员，要给团队成员一个成长的空间。他们只有在做事中有一定的权力才能把事情做好。如果他们什么权力都没有，那他们做起事来就会畏手畏脚，最终也得不到成长。

很多人作为团队的管理者，觉得自己本着负责的态度，凡事都会过问。这样他的精力就会被过度分散，就无法集中精力去做最主要的事情。因此，作为一个团队管理者，我们要懂得放手，下放一些权力。让团队成员有一定的权力，他们才能更加有信心把事情做好。

作为团队领导者，你要学会把任务下放，你只需要负责让他们按时向你汇报进度就可以。这样才是一个团队领导者该有的样子。"

（6）您觉得推动自己人生发展的最好方法是什么？

窦艳，"不管是做一份主业还是一份副业，我们都是为了让自己的人生有更好的发展。那么要想推动自己的人生一直向前发展，就是要始终怀有一颗学习的心。不管你在哪个年龄段，学习都不晚。近年来，我们经常看到这样的新闻，'60多岁的大妈在景区卖矿泉水，结果因为经常接触外国人，她学会了英语，可以自主地和外国人进行英语交流，因而自己的生意越来越好'。这也是一种学习力，一种学习的心态。

还有一个外国语学校的宿管阿姨，因为自己平时学习英语，英语竟然考过了四级，从而改变了自己的职业生涯。

我们在自己的工作岗位上或者副业中，也要始终有一种学习的精神。只有学习才能使我们进步，才能提高我们的能力。我们只有开阔自己的视野，才会发现自己的人生有更多的可能。我们可以多看一些专业书籍，只要是对自己有帮助的；也可以报一些课程培训班，多听一些成功人士的讲座，提升自己的认知或者专业技能；也可以多争取公司的一些外派学习机会，提升专业领域里的能力。这样，你才能提高自己的竞争力。不管你是想做好你的主业，还是想发展多份副业，都需要有一颗学习的心。俗话说，活到老学到老。"

以上是窦艳给年轻人在发展副业路上的一些建议，也是我心里一直想问的一些问题。

实践环节：

找出适合你的运营策略，写出对你有用的运营策略知识点，然后抓紧时间去执行。

1. _____
2. _____
3. _____

第七章
权衡利弊,综合考虑主副业关系

第一节　掌握现状，借力主业发展副业

在发展副业的时候，我们往往苦恼于不知道如何平衡好主副业的关系，有的人做了几天觉得太累了就不做了，有的人觉得做副业会影响自己的主业，有的人觉得做副业回报太少就放弃了。其实这都是因为我们没有摆正副业的位置、没有平衡好主副业的关系。

在这里，我们可以先对自己的主业进行分析，分析自己的主业是否适合发展副业，即我们要对自己的现状要有一个准确的判断。

1. 判断主业当下的状态

你要探索自己的副业，首先要确认自己现在是不是有足够充足的时间。如果你的主业本身处于一种非常忙碌的状态，平时要加班到夜晚九、十点钟，这种情况下就不适合发展副业。因为你的主业已经非常忙碌了，你需要把自己更多的精力放在经营自己的主业上。

在这种情况下发展副业会让你的生活更加忙碌，会让你整个人处于一种焦躁的状态，这样反而对你的生活不利，也会影响你的主业。

如果你对你的主业非常熟练，不需要占用你的下班时间你就可以做好，那么，这种情况下是适合发展副业的。而且即使你发展了副业，你也能够平衡好两者之间的关系，不会因为有了副业就让自己的生活进入一种很慌张的状态。

2. 判断自己对副业的熟悉度

你在探索自己的副业的时候，如果这个副业是从你的主业中发展出来的副业，那么它就不需要你花太多的精力来经营。比如你的副业是帮别人做PPT，而你平时工作时就会大量用到PPT，你已经掌握了很多关于制作PPT的技能，那么你就会节省很多的时间。不仅如此，你的副业还会促进你的主业发展。如此一来，你就不需要去额外学习一些新的专业知识，你的副业的发展过程也会比较顺畅。

如果你的主业中没有什么能够发展成副业的点，那么你就需要学习新的知识和技能来发展副业，这就需要占用你相对多的一些精力。其实很多人属于这种情况，但是他们在发展副业时并没有影响自己的主业。他们在自己的坚持下把副业发展得很好，甚至超过了自己的主业。

总的来说，在明确要发展副业之后，我们要学会在主业中借力来发展自己的副业，这样，我们的副业才会发展得更为顺利。

1. 借力主业构建团队

如果说你在发展副业的时候，业务的版图逐渐扩大，你感到自己一个人已经无法胜任这份工作了。这时你就需要考虑组建一个小团队，哪怕这个小团队里只有两个人。团队成员可以从你的主业中选择，可以选择你最要好的同事加入。

在组建团队以后，你也会有更多的时间来思考副业的发展，想一些更高层次的事情，这对平衡主副业也有一定的帮助。

2. 借力主业的人脉

如果你在探寻副业的时候发现自己可能会用到主业的人脉资源。这时你就要有意经营好主业的人脉，这样在你发展副业的时候就可以借力过来。

因此，在你经营自己的主业的时候，一定要经营好自己的人脉，与他们建立一种良好的关系。即使你现在用不到，将来有一天也许就会用到。

有的人在经营副业的时候可能用不到主业上的人脉，有时也会因为自己的工作关系不方便用到同事的关系，你也可以选择屏蔽他们，把朋友圈的消息设置成对他们不可见，或者只对他们透露你的生活消息，或者建立一个新的微信号、QQ号等，把副业上的人都建立在这个新号上，这样二者互不影响。如果你日后在这个单位辞职了，你就可以对他们恢复可见，这样以前不能用的人脉资源就都可以用了。

3.借力主业中的能力

无论我们从事什么样的工作，我们总会在工作中积累一定的能力。这个能力可以是你跨界的一种通用能力，这种通用能力可以让你在很多行业找到自己的立足之地。

很多人不知道在自己的工作中有什么能力是通用的，因此你可以把工作中能够提升的能力列在一张纸上，然后利用工作中的空闲时间去提升相应的能力。

比如写作，其就是一种通用能力，写书、写文案、写微信公众号、写新闻、写书评，这些工作都需要用到写作这个能力。如果你把这个通用能力掌握好了，并提升到一定的高度，一个更专业的高度，那么你不仅可以把本职工作做好，还可以在副业上发展出更多的可能。

再如运营，这个能力也是一种通用能力。无论你是运营一个项目，还是从事互联网运营、自媒体运营，都需要运营能力。

另外，在做副业时，大部分的时候都是靠我们自己的自主意识在推进，不像主业会有各个部门来协调。因此，你要想把这个事情做好，你还需要具备更多的能力。比如你要出版一本书，你就要自己寻找出版社，找到出版社后与其沟通相关事宜，敲定合作合同，出版后配合后期的宣传推广，这不光是单纯的写作这么简单。

因此，除了提升自己的专业技能，你最好学习一下管理能力。因为日后如果你的副业发展壮大了，你就会需要组建团队。有了团队你就是管理者了，此时你必须具备管理能力。如果你不懂管理，你的副业就不能更好地发展下去。你可以跟着你的直属上司学习，或者跟着大老板学习，或者买一些专业的书籍学习。但是跟着上司学习会比跟着书本学习效果更好一些，毕竟在实践中得来的经验更为珍贵、实操性更强。

总之，要想平衡好主副业的关系，我们首先要确定我们对当下的主业是否驾轻就熟，再考虑发展副业。其次，在已经发展副业的情况下，我们学会借力主业中的人脉、资源、能力来发展自己的副业。

第二节　玩转时间，实现主副业的和谐共生

我们做副业是为了更好地提高自己的收入、改善自己的收入结构。但是我们也希望能够合理分配自己的时间，在不影响主业的情况下，充分利用业余时间做好自己的副业。

俊熙是地方卫生机构的一名员工，平时工作比较轻闲，他觉得如果每天无所事事，自己慢慢就会变得更加安逸，同时也会丧失在职场中的竞争力。在想清楚现状之后，他觉得自己应该找一份副业来做，这样既能提升自己的竞争力，又能多一份收入。于是他利用业余时间帮人做 Excel 表格。

很多人只知道 Excel 表格的一些初级用法，并不知道它的一些高级用法。于是他开始在下班后大量研究 Excel 相关的技能，比如 Excel 实用技能的整理等。经过学习和研究，他设计了一套 Excel 教程，并把它放在了很多专业网站上进行售卖，需要的人可以自行购买和学习。另外，他还会在网上进行一对一实时辅导教学。他通过自己的研究和学习，探索出了两种收入模式，这样既能提高自己的竞争能力，又多了一份收入。

俊熙的情况是主业依然高效完成，副业也发展得非常好，二者并驾齐驱。那么，我们该如何合理地把时间分配给主业和副业呢？

1. 充分利用业余时间

在发展副业的时候我们不能占用主业的时间，但是我们可以充分利用自己的业余时间。也就是说，我们要在保证主业的工作高效完成的前提下，充分利用自己的业余时间来发展自己的副业。

在前面章节中提到的做程序员的晨晨,为了做好 SQL 技术的研发,他把自己所有的业余时间全部放在了这个技术的研发上。因为编程技术需要在电脑上不停地调试、实践才能有所提高,所以别人都下班回家了,只有他每天晚上吃完晚饭后就会回到办公室进行学习和研究,反复调试产品,每天都会工作到 12 点。即便是周六日,他也会全天在电脑前设计产品。

经过两年的高强度的学习和研发,他设计出了一系列的这方面的技术产品。他放弃了所有的娱乐时间,把自己的业余时间全部用在了自己的副业上。

这种高强度的学习和探索副业的精神是一般人很难达到的,但是这也说明了一个问题,就是要想做好自己的副业,就要全力以赴,充分利用好自己的业余时间。利用好业余时间,在不影响主业的情况下投入更多的时间和精力,那么在你的副业之路上,你一定会有所收获。

2. 合理分配自己的休息时间

在做好所有的主业和副业的情况下,我们要适当的休息。只有休息好了,我们才能有更充沛的精力来面对主业和副业的工作。我们之所以选择做副业,就是为了将来更好、更自由的生活,所以我们一定要保证充足的休息时间,以面对工作带给我们的各种压力。

很多人在休息这件事上没有重视起来，无休止地熬夜，总认为自己还年轻，熬夜对自己来说不算什么。殊不知，熬夜对于任何年龄段的人来说都是有害的。很多人的生活作息是不规律的，不渴就不喝水，不饿就不吃饭，不困就不睡觉。这样形成的习惯会使生活作息紊乱，不利于自己以饱满的精神状态投入工作。

比如，有的人在睡觉前，其实已经有些困了，但就是不关掉手机。等关掉手机之后又睡不着，开始进入失眠状态，早上就起不来。长此以往，就形成了一个恶性循环。

再如，中午到饭点了该吃饭了，很多人由于手头上有没处理完的工作就不去吃饭，然后过了饭点又不想吃了。下午工作的时候又开始饿了，就叫外卖。其实下午吃饭同样会耽误下午的工作进度，不如在该吃饭的时候吃饭，这样可以养成一个按时吃饭的良好习惯。

因此，我们要合理管理好自己的休息时间。下面从吃饭、睡觉、陪孩子三个维度来说一下休息的事项。

（1）吃饭

吃饭一定要按时。早餐一定要吃，早餐会为你提供一上午的能量。到了午饭点，如果有时间就出去吃，如果来不及就提前订外卖，这样你就可以在午饭点准时吃上饭，不会耽误你下午的上班时间。吃过饭后稍作休息，趴在桌子上打个盹儿，这样可以让你下午精力充沛地处理工作中的事宜。

（2）睡觉

睡觉是一件非常重要的事情。如果你晚上休息得不好就会影响第二天一整天的工作。因此到了晚上我们争取早点儿上床，上床后不要看手机，可以进行一些舒缓的活动，提前让大脑进入放松状态。如果你觉得自己睡不着也没关系，你可以第二天设置一个早点儿的闹钟，把上床的时间往前提，这样你在晚上的时候就会早睡，慢慢地也就养成了早睡早起的习惯。

（3）陪孩子

如果你是父亲或者母亲，在有限的时间里既要搞工作，又要搞副业，时间被安排得满满的，那么你也不要忘了挤出时间来陪伴自己的孩子。因为孩子的成长错过了就是错过了，没有第二次机会。即使你没有太多的时间陪伴孩子，也要安排出一个小时哪怕半个小时的时间陪伴孩子。你可以在孩子睡前给他（她）讲绘本，也可以陪他（她）搭个积木。在陪伴孩子的时间里，你一定要全身心地投入，放下一切的工作和杂念，让这个时间只属于你们。

当我们把休息的时间合理安排好之后，我们才能有精力和时间来处理工作中的各项事宜。因此，你要学会高效地管理自己的时间，处理好主业与副业的关系。

第三节　变副为主，你做好准备了吗

在打算发展副业的时候，我们很多人的出发点是不一样的。有的人是想副业和主业同时兼顾，可以有两份收入；有的人是把副业当作一份事业来做，那最后的结果就是副业和主业不可兼得。

在把副业变为主业的时候，我们不能过于冲动，不能在条件没有成熟的情况下把主业辞掉，这样就会让自己陷入被动。

很多人在开始副业的时候会进行一个思考：主副业都兼顾这么累，干脆把主业辞掉全力以赴做副业得了。这种做法往往不可取。你之所以想这么做，是因为你觉得自己要花百分之百的精力去做副业，这样才能把副业做好。但事实是，如果副业最后发展得不好，那么你既失去了你的副业，又失去了你的主业。另外，很多主业还会对副业的发展有一定的帮助。因此，我们不要过于冲动地辞掉主业专心干副业，这种做法不可取。

那么，我们接下来分析一下副业变主业的三种形式。

1. 主动式

主动式就是自己早就想把现在的工作换掉，把副业当作自己日后的主业。这种形式下，大多是对当下的工作不满意，所以想辞掉自己的工作，变副业为主业。

有的人对自己现在的这份工作不是很满意，对自己现在的工作感到做下去是一种煎熬。这种情况下，建议你不要做下去，专心副业，在副业中激发自己的工作热情，开启自己人生的新篇章。

小娟凭借自己的努力考进了一个体制内的单位，亲戚朋友都很羡慕她，觉得她找到了一个"铁饭碗"。但是小娟在这个单位做得并不是很开心，觉得这样的生活有些烦躁。小娟有自己的梦想，喜欢图书，她利用空闲时间发展自己的副业，帮助某专栏撰稿。经过思考之后，她决定专心从事写作这条路，好好发展自己的副业。

她放弃自己的"铁饭碗"这件事的确遭到了家人和朋友的反对，但是她内心有个坚定的声音告诉她，要敢于打破常规，朝着自己的梦想前进。后来，她的副业发展得很好，还成立了自己的工作室。大家一起策划选题、写书，与出版社合作出版图书。

现在看来她这一步走对了,她放弃了自己原有的看似体面的工作,经过自己的一番努力,最终把自己的副业经营得有声有色。

2. 突发式

突发式是指在经营副业的时候发现自己的副业越做越大,而主业占据了自己太多的时间,限制了副业的发展。这种类型的人一开始只是把副业当作一份普通的工作来做,以提升自己的收入。但是在后期发展的过程中发现副业的发展比主业发展得更好,从而开始把这个副业当作一份事业来做,而不仅仅是一份改善收入结构的副业。

这种情况下辞去主业的原因有很多,具体原因如下:

其一,对自己目前的工作不是很满意,觉得自己目前的职业发展没有任何的上升空间。而没有上升空间可能是公司没有一个明确的晋升机制,也可能是所在部门没有一个良性的晋升环境,总是受到打压,导致晋升无望。

自己的职业发展遇到了天花板,因此想从副业这条路上探索出新的领域,从而可以施展自己的才华。

其二,副业的收入越来越稳定。在经营副业的时候,初期可能不太稳定,但随着时间和精力的不断投入,副业慢慢走向正轨,收入越来越稳定。

三个月中,只有一个月的收入较高,但是其他两个月收入偏低,这还不是辞去主业的最佳时机。你的副业收入有两三次超过主业不能代表副业已经进入了一个稳定的状态，你要确保自己未来的半年收入，要把副业发展计划做得长远一些。只有这样，你的生活才会更有保障。

只有在你经营了一段时间的副业之后，发现自己的副业收入越来越稳定了的情况下，你才能辞去主业。

其三，副业有一个很好的发展前景。在这个副业中，你看到了榜样经营的你所在行业的副业发展得越来越好，看到了副业的发展前景，知道它可以给你带来更大的收入。

其四，副业的时间与主业有了冲突。你发现你需要花越来越多的时间在这个副业上才能有所收入。主业占据了你太多的时间，让你没有时间来更好地经营自己的副业。

像前面提到的歪猫姐在做微商的时候，她面临着团队越来越大，要花时间培训下属经销商、要花时间准备培训内容、要花时间回答客户的问题，还要花时间去总部接受培训的问题。于是，她果断地辞去了京东的职位，专心做自己的微商。事实证明她没有错，她把副业变为主业后，有了更多的时间和精力来经营自己的副业，她的副业越做越好，她的实体店铺更是开了很多家分店。

当然，她把副业变为主业也是经过深思熟虑的，也承受着巨大的心理压力，但是她为自己后面可能遇到的情况做了充分的准备后，勇敢地做出了这个决定，毕竟她的主业也是一份非常不错的工作。不过在做好充分的心理准备之后，她的主副业切换得比较顺利。现在，她的事业有条不紊地进行着，一切都朝着好的方向发展。

无论是哪种形式都要好好思考，以判断自己当下是否要辞掉主业，来专心经营自己的副业。

第四节　拓展渠道，多种副业使收入结构更合理

在相对稳定的职场上，我们通过日常工作培养自己的能力，创造价值，获得相应的劳动报酬，满足日常的生活需求。但是这种工作必须通过劳动获得，而且其对我们的要求比较高，比如固定的工作时间、加班、考勤、被评估等，有时还会遇到无法升职的情况。

面对这个情况，我们开始想通过探寻副业得到一些改变。在探寻副业的路上，我们可能会发现有很多种可能可以创造多种副业收入。而多种副业收入可以让我们的收入结构更加合理、科学，更能创造出我们想

要的财富和自由的生活。

在构建多种收入结构的时候，可以从以下两种角度出发。

1. 围绕主业发掘副业

围绕主业发掘副业，需要我们把在主业中所锻炼出来的能力进行分析，然后围绕着你的这个能力进行发散思维，看看这个能力能够开发出多少个职业。

在这里要强调一点，做副业最好是有过硬的主业能力作为支撑，而不是为了做副业而做副业，你必须在你的专业领域内有一定过硬的本领，获得稳定的发展。如果你在职场上就马马虎虎地混日子，没有努力提升自己的专业技能，那么即使你想发展副业，你的副业也不会发展得很好。

一旦你在主业中形成个人可以傍身的能力，这些能力就会为你发展副业带来无限的可能。在职场上，我们往往会锻炼多种能力，这些能力组合在一起就会发挥出无限的力量，如写作、管理、营销等通用能力，还有一些专业领域内的专业技能，如编程、测试、程序设计、视频拍摄、封面设计、手工设计、服装设计等专业能力，这些通用能力搭配专业能力就能发挥出无限的可能。

在主业中锻炼出来的这些能力能够让你的主业发展得更好，能够促进主业的发展。如果你从这些能力中发展出你的副业，你的副业也不会与你的主业有冲突，反而会与你的主业协调发展。

在我们不知道发展什么内容的副业时,我们不妨先锻炼自己主业里的通用能力,等通用能力到达一定的水平时,我们可以考虑从这些能力里能够发展出的副业。

小小是做营销工作的,在孩子出生后,她开始考虑做副业。鉴于她自己做了这么多年的产品营销工作,懂得很多营销方面的内容,又比较擅长写作,于是她在一边工作的同时,一边在论坛上撰写营销内容的文章,开启了自己的副业之路。

她在做这项工作时候也投入了大量的精力,因为平时上班就很忙,回到家还要陪孩子,等孩子睡觉之后她就开始在电脑前写作营销博客。

写营销博客可以让她对这些年的工作经验有一个总结性的回顾;在收到读者的反馈意见时,让她觉得这是一件很有意义的事情,可以帮助到很多人;而博客排名的持续提升给了她源源不断的动力。写作就是一种内容的输出,它会让你对你所掌握的知识有个更系统、更全面的回顾,会对你的主业有所帮助,二者可以协调发展。这就是从主业中发展出相关联的副业的好处。

慢慢地,小小开始尝试写营销图书。经过一段时间的摸索和尝试,她真的写了一本营销图书——《营销管理》。她通过这本书获得了版税收入,更形成了自己的IP。因为有了这些系统性的知识,她又开始把这些专业内容开发成一个线上课程。在完成了图书出版之后，她又开始进行课程培训，逐渐形成了多渠道的副业。概括一下，小小的副业渠道有三种，即营销内容的博客、营销内容的图书、营销内容的课程。这些都是从主业中发展出来的副业，并且是从主业中锻炼出来的专业技能和通用能力的结合中发展出来的副业。

2. 与主业关联不大的副业

除了上面这种从主业中发展出来的副业，还有一种与主业的关联不大，或者说是完全是从另一个维度发展出来的副业。

有一些人不愿意从事与主业相关联的副业，而是会从自己的兴趣、爱好、人脉等方面来发展自己的副业。

在很多身兼数职的人身上，这种情况非常普遍。不过这种情况下，在探索副业初期，我们不能计较副业收入的多少。我们之所以会在某方面的收入少，有一部分原因是我们能力不足。当我们在该方面的能力达到一定的水平时，收入自然就提升上来了。

那么，我们在拓展副业渠道的时候都需要注意哪些方面呢？

（1）多尝试

在探索副业的时候，我们要以最低的试错成本进行尝试，不要怕收入少，有时候不能用收入多少来衡量副业的价值。比如，你做微信公众号兼职写手，在上面写育儿文章，可能每个月就几百元或者一千多元的收入，但是你也不要轻易放弃，因为这个副业可以锻炼你的写作能力，并可以让你收获很多粉丝。你可以慢慢锻炼，等到你的写作能力有所提升，你就可以由最初的兼职写手变成专职写手，然后你可以出版书籍、写专栏、写头条号文章等，发展出更多的副业。

总之，虽然有些副业最初收入不高，但是它的价值很高，你在经过一段时间的锻炼之后，就会有所收获。

（2）提升能力

在探索多渠道副业的时候，你要通过各种渠道来提升自己的能力。虽然我们要兼顾主业，又要兼顾副业，我们的工作会更忙碌，生活节奏会更快，但是这能提升我们多方面的能力。

人往往是在忙碌的时候才会锻炼出来能力，我们不能在该拼搏的年纪就想着过安逸的生活。只有走出舒适圈去提升自己的能力，我们才会有更多无限的可能。

如果你发现通过主业发展不出副业，你可以通过学习，报一些课程，如理财课程、写作课程、演讲课程等，来帮助你拓展自己的副业渠道。

（3）从兴趣、爱好出发

你还可以从你的兴趣、爱好出发来发展自己的副业。比如你平时比较喜欢化妆，你可以在短视频平台注册账号进行视频教学；也可以开办线下课程进行线下教学，这些都可以发展成副业。

如果你根据自己的兴趣、爱好研发了一套视频剪辑的课程，你可以开办线上课程，还可以把这个课程放在其他平台上进行售卖，即以这个核心产品开发多种销售渠道，这样你的副业渠道就会多起来。

当然，副业渠道也不是多多益善，而是一定要合理，把你的副业中收入高的项目作为主要营收项目经营，把收入低的作为次要营收项目经营。在探索副业渠道的时候，要尽可能多地增加副业的收入渠道，在这之后，减掉一些不必要的收入渠道，这样你的收入渠道会更加合理。

实践环节：

列出自己的副业，看看哪些是主要的收入渠道，哪些是次要的收入渠道，同时写下自己副业变为主业的条件和时机。

1. _____
2. _____
3. _____

第八章
自我管理，在副业中遇见更好的自己

第一节　精力管理，提高工作效率

我们每个人每一天都只有 24 小时，刨去睡觉的时间，剩下的时间我们都要合理安排。只有合理地安排才能让我们提高工作效率。因为我们选择了在做好主业的同时经营副业，这就需要我们有更充沛的精力。

比如我们每天都要工作 8 小时，在这 8 小时的时间里，有的人只能干很少的事情，但是有的人却能干更多的事情。原因是干更多事情的人他们会把更多的注意力放到工作上，不会因为一些杂事分心。而同样的时间里做事少的人往往注意力不集中，通常是干会儿这个事又去处理一下别的事，常常没有集中精力处理主要的事情，最后的结果就是工作效率非常低。

很多人在发展副业的时候总是觉得自己精力不够用，最终放弃了自己的副业。可是有的人的副业不止一个，那么他们是怎么做到的呢？

其实他们就是提高工作效率，集中自己的精力做主要的事情。即在做事情的时候会集中注意力，不会轻易因为一件小事就分心。

那么我们应该怎么做才能集中精力、提高工作效率呢？

1. 提高主业的工作效率

在工作时间里，我们要提高自己的工作效率，在规定时间里高效地把当天的工作做完，这样我们就可以把更多的时间留给自己的副业。

首先，我们要在上班的前 30 分钟里把今天要完成的工作列出来，明确有哪些是主要的，哪些是次要的，哪些是暂时还无法确定的。列一个清单出来，做完一项划掉一项。

列完清单后，我们要先集中精力把最重要的工作做完，做完之后就可以开始做次要的工作，然后做其他的工作。

这样你就不会因为老板找你要主要工作时你没有做完而停掉手上的其他工作再去做这个主要工作。在做工作的过程中，不要与同事或者朋友进行闲聊，要集中精力做当下的工作。这样你就会用极短的时间做完手头的工作，做完这个工作后，你就会有更多的时间来做其他的事情。

我们只有把自己的工作进行合理的安排和规划，才能更高效地完成当天的工作。同样的工作内容，有的人能用 1 小时完成，有的人就要用 2 小时完成。除了能力的因素，就是你的做事方法了，只有你的工作方法对了，你才能更高效地完成工作。同时，我们要注重提升自己的业务能力，只有自己的业务能力变强了，我们才能更高效地完成工作。

2. 提高自己的专注力

在平时，很多人往往不注重锻炼自己的专注力，使自己做事情的时候常常被其他事情打扰，从而降低了工作效率。

所以，我们要提高自己的专注力，剔除干扰因素。

（1）可控情况

有的时候我们坐在这里工作，但是脑子里的思绪往往已经飘到别处了。比如我们会想我今天要买什么菜回家，要给孩子买换季的衣服，想购物车里还有哪些是没有付款的。而事实上，这些事情并不是特别重要的事情，但是你想的这个过程会耗费很多时间。等你想完这些杂事之后，你就忘了之前的工作做到哪里了，这样就会导致你的工作效率低下。

在遇到这种情况的时候，我们可以把自己脑子里正在想的事情记录到一个笔记本上，然后提醒自己赶紧回到当下的工作中，集中注意力，把当下的工作做完之后再去处理笔记本上的事情。这样，你就不会因为脑子里的这些杂念打断自己的思路，可以高效地完成手头上的工作。

（2）不可控情况

不可控因素就是不受我们自己控制的、外界的干扰因素。比如你来了一个电话，这个时候你就要接听处理。在接听的过程中你要快速地处理，能在电话里说清楚的就在电话里说，说不清楚的就约个合适的时间见面谈。

如果不是特别急的事，你可以告诉他们等一会儿给他们打回去，让他们给你一段时间把手头上的工作处理完。

比如，你正在写作，写作是最需要安静的环境的。如果你在家进行写作，你要告诉家里人，这3个小时里你要进行创作，需要集中精力做事情，如果没有特别紧急的事情不要打扰你。如果是特别紧急的、必须你处理的事情，可以让他们进来找你。在家里写作的时候，我们特别希望家人能够给自己一个安静的、不被打扰的环境，让自己能够集中精力进行写作，这样才可以有更多陪伴家人的时间。因为，如果自己的思路一旦被打扰，就要花好长时间才能连接起来，非常耗费时间和精力。

另外，你也可以给自己创造一个安静的环境。比如去商场或者家附近的咖啡馆进行创作，免去打扰，等工作高效完成之后再回家陪伴家人。

在工作中，如果遇到这种情况，我们可以跟同事说明情况，问清楚同事当下这件事是否特别紧急，如果不是特别紧急的话，询问同事是否可以等你把手头上的工作做完再去找他。在同事允许的情况下，你可以完成手头上的工作之后再去找同事，但是你要在完成之后的第一时间去找同事，不然会给同事留下不好的印象。

有些时候，有些事情是你觉得必须要在这个时间想明白的，你就停下手头上的工作，专心思考你认为比较重要的事情。这样，你也不会因为有心事而工作不好。

3. 团队合作

如果你的副业版图越来越大、工作内容越来越多，你就要招收一些团队成员，把一些比较基本的事情交给团队成员去做，自己把主要精力用在重要的事情上。

比如做培训课程，你只需负责培训课程的内容，然后安排团队成员去推广和宣传课程、招收学员、安排场地、接待学员。你只需要负责把主要事情做好，其他的事情交给团队成员来做即可。这样你才能把精力用到最重要的事情上。因为我们每个人的精力都是有限的，不可能什么事情都要亲力亲为。这样只会分散你的精力，让你没有更多的时间把重要的事情做好。

第二节　情绪管理，学会自我调节

每个人在工作中难免会遇到种种困难和挫折，如果你被你的情绪左右，任由它无限制地放大，最后你就会被情绪牵着走。

1. 了解情绪

情绪是我们情感的外在表现，它会左右我们的行为。人是情感动物，但是我们成年人是有自控力的，我们要学会调节自己的情绪，让情绪为我们服务，而不是让我们被情绪牵着走。

比如，你早上心情很好地来到单位上班，为自己安排了满满的工作，结果在早上开会时候被领导因为昨天工作上的一个小错误批评了，而这个错误还是别的同事造成的，这让你感到更加委屈。其实出了错误挨批评很正常，但是，你觉得自己在同事面前丢了面子，这让你感到很糟糕。结果这一天你就在没精打采中过去了，快下班的时候你发现自己还有很多工作没有完成。这时候，你的心情变得更加糟糕了。

这就是情绪在左右你的行为。你的心情被这件事深深地影响了，你没有及时进行调整情绪，而是任由它控制你的思维，最后导致你这一天的工作都没有完成。

其实，当有不好的事情发生时，有些小情绪都是正常的，但是你让这个情绪影响了你的正常工作，这就不好了。

2. 学会转换身份

每个人受情绪影响的程度不一样，有的人受情绪影响小，有的人受情绪影响大，这个跟每个人的性格、自我认知、自控力有关。

很多人受负面情绪影响时往往会身陷其中，让自己的心情变得越来越不好。本来只是一件事没有做好，由于受负面情绪的影响，连带着其他事情也往坏的方向发展。

大部分人都遇到过这种情况，在单位上了一天的班，受到了老板的批评、同事的挤兑，又加了一天班，拖着疲惫的身体回到家，一进门，孩子就拉着你要你陪他玩打怪兽的游戏。此刻的你只想一个人安静地待一会儿，于是冲着满心欢喜盼着你下班的孩子一顿乱吼："一边待着去，别来烦我。"留下不知道自己到底做错了什么而一脸错愕的孩子。最后孩子流着眼泪过来问你："妈妈，你是不是不爱我了。"这时你才意识到自己刚才有多失态，多不该对孩子发脾气。

平时的你每天下班都会陪孩子玩一会儿，此刻的你却因为自己糟糕的情绪而让孩子感受到委屈。想到这些，你觉得心情更糟糕了，觉得自己不应该对孩子无缘无故地发脾气。

作为一个成年人，我们要时刻谨记，千万不要把工作中的情绪带到家里，不要把自己的情绪发泄到家人的身上。我们的身份有很多，在工作中，我们是一种身份，但是同时我们是妈妈/爸爸、妻子/丈夫，我们要学会把握好分寸，掌握好度。如果你忘记转换自己的身份，把工作中的情绪带到了家里，当时你是觉得一时解气了，但是这并不会解决任何问题，只会让家庭气氛变得更加不好。过后，你会为自己的行为感到后悔，会更加不开心。

所以，在每次下班后、进家门之前，我们一定要提醒自己：我是宝宝的妈妈/爸爸，孩子在家里等着我，我一定要给孩子一个大大的微笑和拥抱。千万不能受自己情绪的牵引，不要让孩子成为你的出气筒，你要学会调节自己的情绪，这是每一个成年人的必修课。

同时，你处理好了家庭关系才会有好的心情投入工作，这是一个良性循环。

3.调节情绪的方法

在生活和工作中，我们总是会遇到各种各样的情绪，我们不能任由情绪主宰我们的心情，让我们总是陷在负面情绪里出不来。我们要及时地、积极地调节自己的情绪，而不是让情绪继续发酵，从而引发自己做出更多不恰当的事情。

（1）培养积极的心态

在情绪低落的时候，你最需要做的是一些能够让自己的心情变好的事情，比如找朋友聊聊天、诉诉苦；打扫家里的卫生，让家里变得更干净；去逛街，买一件好看的衣服；看一场电影。千万不要让自己陷入情绪低落的旋涡里，要想办法让自己尽快走出来。

（2）运动

运动也是一种调节情绪的好方法。在情绪不好的时候，你可以多做一些运动，去公园里跑跑步，和朋友出去踢一场足球，打场羽毛球，做做瑜伽，甚至可以陪孩子出去疯玩一场。

（3）写日记

写日记也是一个好办法，你可以把今天遇到的不好的事情全部写出来，把自己当时的心情记录下来，写下自己因为什么事情不高兴。一旦把自己生气的事情写出来，就相当于发泄了。有时候朋友太忙，没有时间听我们说一些包含负面情绪的事情，我们就可以把它写下来，就相当于对别人诉说了。作为一个成年人，我们不可能时刻都把自己不好的心情向朋友诉说，朋友也没有义务天天听我们诉说太多负面的事情。我们要学会自我调节，懂得控制自己的情绪，不要让情绪成为一个慢性杀手，影响我们的工作、影响我们的家庭生活。

在经营副业和主业时，我们更要懂得调节自己的情绪、管理好自己的情绪。在职场中，我们要拿出职业人的姿态，遇到事情不要一味地陷在情绪里斤斤计较，而是转换思考事情的角度，换位思考，让自己好受一些。有时我们遇到的最大敌人不是能力、不是条件，而是我们失控的情绪。我们要想同时兼顾好主业和副业、想让自己的生活变得更好，就一定不能被情绪束缚。每个人都应该为自己的情绪负责、为自己的行为买单。

第三节　学会理财，规划收入让钱生钱

提升自我有一个很重要的点就是要学会理财。学会理财相当于为自己的人生多上了一把保险锁。所以，你要学会打理你的收入，让钱生钱。

很多人会存在一个疑惑：我家没有太多的存款，我怎么做理财呢？

其实，这种观念是错误的，他们错把理财当作了投资。实际上，理财就是帮助你合理规划你的收入，然后通过正确的理财方法实现钱生钱。

以一个家庭为单位，你要树立合理的理财观念，才能让你的家庭在风险来临时有抵抗的能力。

那么，我们该如何合理规划家庭收入呢？

1. 确保家庭生活有基本保障

确保家庭生活的基本保障是为了保证我们家庭的底层需求。我们要留出足够的钱维持家庭正常开销。我们不能用这部分钱进行其他投资，比如听说股市行情好就去炒股，房子行情好又去买房子。如果我们把全

部资金用来投资，那么我们的生活就会失去基本保障，我们很可能下个月就没有钱生活了。

这个道理我们都懂，但有的人就是把自己全部的身家都投到买房子上，然后东家借钱、西家借钱，甚至还要去朋友家蹭饭，吃了上顿没有下顿，生活得很辛苦。可这又是为什么呢？我们进行投资是为了更好地生活，而不仅仅是为了投资而投资。

掌管家庭经济大权的人一定要懂得理财常识，要在确保家庭成员生活质量的前提下再进行合理的投资。因此在规划家庭收入时，我们要先确保我们的家庭生活保持在一个标准水平，这才是正确规划理财的第一步。

2. 规避风险——必不可少的社会保险

在保证家庭成员的基本生活维持正常以后，我们就要想办法规避一些风险。比如，某个家庭成员生病了，我们就要花光家里所有的积蓄。其实这是可以避免的，我们可以通过购买保险进行规避。

社会保险是我们每个人必须买的，至少我们平时看病或者住院的费用是可以进行报销的，其可以作为我们生活的基石。

除了社会保险，我们还可以买商业保险。商业保险可以为我们筑起坚固的城墙，帮助我们更好地抵御生活的风险。

3. 使家庭资产保值增值

在家庭生活有了基本保障，又有了社会保险和商业保险帮我们抵御风险以后，我们就要考虑为家庭资产做一个保值增值的规划，把家庭收入像切蛋糕一样进行切割，把每一份收入都进行合理的规划，这样才能让我们的家庭更加牢固。

如果我们没有规划，这份家庭收入很快就会被我们花掉，那到需要用的钱时候我们就没有了。比如孩子需要一大笔留学费用，抑或家里有了急事，急需一笔钱，可是我们平时没有理财意识，没有存下钱，那等到需要用钱的时候，我们自然是拿不出来了。

首先，我们要努力把这个蛋糕做大，这样才能划分出更多的小蛋糕。其次，我们要养成定期存款的习惯，只有这样才能存住钱。如果你总是想着这个月的钱先花，花剩下的再存起来，那么你永远存不下钱。

比如你一个月挣8000元，每个月定期存1000元，剩下的7000元你随便花。别小看这1000元，即使每个月只存1000元，3年下来你也能存将近4万元了。这4万元能让你看到希望，也能让你养成存钱的习惯。

在养成存钱的习惯以后，你就可以用这部分钱进行保值增值的理财。一旦把这部分钱用于投资，你的家庭理财会变得更加合理。

这部分钱往往被用于长线投资，其中途是不可以被挪用的。一旦你挪用了，进行定投、利滚利的规划就中断了，而且你挪用了第一回，就会有第二回、第三回，你很难坚持到最后，这样就失去了当初进行长线投资的意义。因此，没有万分紧急的情况，这笔钱是不可动用的。

小丽在孩子出生的时候就通过朋友了解到了一款理财产品。她的这个朋友是做投资理财的，她在朋友那里买了这款理财产品作为孩子的教育基金。这款理财产品每个月都从她的工资卡里自动扣除500元。这款理财产品是复利形式的产品，是利滚利的模式。小丽把它作为一个长线投资产品，这个产品的收益非常高，年化利率可达到8%，加上复利效应，到孩子18岁时就会有约24万元的本息给孩子作教育基金。教育基金可以自提，也可以继续按照这个模式进行复利投资。如果孩子将来用不到这笔钱，小丽也可以将其作为自己的养老金。

这是小丽在朋友那里买理财产品作为家庭收入保值增值的方法。除此之外，我们还可以买国债，国债是国家发行的，属于投资风险比较小的理财品种，但其利息比银行储蓄高一些。除了国债，我们还可以买纯债基金，就是专门投资债券的基金，其安全度也比较高。

学会理财，可以让我们把副业和主业赚到的钱规划得更加合理，可以让它们钱生钱，这也是一项生存技能。

第四节　提升学习力，为自己更多地赋能

无论是做好自己的主业，还是要搞好自己的副业，我们都要时刻保持一种学习的状态。只有这样，我们才能把主业和副业都搞好。

我们要始终保持一种学习的状态，不要安于现状，要通过学习寻求突破。很多时候，我们在探寻副业的路上会接触到一些新的、没有尝试过的工作，但是通过学习，我们可以把新兴事物作为自己的副业。

那么，我们可以通过哪些方法提高自己的学习力呢？

1. 看书

当我们想要学习一项新的知识或者技能时，我们可以通过看书的方式了解这些知识和技能。如果我们想做短视频带货、写微信公众号文章等，而自己又没有接触过，不知道从何入手，那么我们就可以买一些专业书籍进行研读和学习，从中学习一些理论知识，并且研究一些真实的案例，以从中总结出一些经验用于自己的副业中。

如果是知识点不太多的书，你可以快速阅读，心中有个大概的框架

即可。如果是你觉得比较好的、知识点比较多的书，你就仔细阅读，并通过自己的思考消化吸收，从而总结出知识点。

看书的话不能光看，要真正地去理解和消化，并为自己所用。可以用以下方法来提升你对一本书的知识点的理解。

（1）概括总结

看一本书的时候，我们要对每个章节做概括总结。先对每小节的知识点进行概括总结，用自己的话写出知识点，然后对每章做一个大的概括总结，可以概括出四五点。

那么，都总结什么内容呢？

其一，把总结出来的知识点的具体内容写出来。比如，什么是短视频带货，把它的内容写出来。

其二，把自己对这个知识点的思考写出来，你是怎么理解这个知识点的。

（2）写出具体行动方案

看完这本书以后，你可以列出你的行动计划表。比如你看了一本养生的书，看完以后，你要列出自己都要做到哪些事情，早上做什么，中午做什么，晚上做什么；几点睡觉最合适；什么季节吃什么食物最合适。这些都可以写出来，方便你后面具体实施。

比如你看了一本时间管理方面的书，你更要制订出一个详细的行动计划表，把一天的时间进行切割，什么时间做什么事情，什么事情排在前面做，什么事情排在后面做，主次分明。每天都要按照这个方法执行，渐渐养成良好的习惯。

2. 上课

在提升自己的学习力时，我们除了看书，还可以学一些课程。这些课程大多是付费的，但是这些课程对你提升某方面的专业技能是非常有帮助的。

因为这些课程都是别人总结出来的精华，凝聚着别人的心血。这样的课程非常值得购买学习，其往往对你有很大的提升，你也会在这一专业领域进步得很快。

当然，在报课程的时候我们要进行一些研究，多问问往期的学员对这个课程的评价，不要让自己的钱打了水漂。

那么在学习课程时，我们要注意些什么呢？

（1）上线下课程时

如果是线下课程一定不能缺课，在听课的过程中录好音，以便回家后可以反复地听；做好笔记，好记性不如烂笔头，以后在需要用到这个知识点而自己又记不清楚的时候可以翻看笔记；与老师和其他学员进行友好的互动，留下联络方式，如果有什么不懂的地方可以问学员，也可以问老师。

（2）上线上课程时

如果是线上课程最好也要做到不缺课，最好去听当天的课程，这样会感受到老师与学员在屏幕上的互动，会加深你的印象。线上的好处有一点，就是可以反复听课程，把难理解的地方多听，多琢磨，直到琢磨透为止。

就像有的人要考职业规划师，并想把它作为自己的副业。那么他就可以报关于考试试题讲解的一些课程，这样更有利于提高通过率。

（3）课后复习

这种培训课程一般会留一些课后作业，课后作业是帮助你巩固知识点的，所以一定要当天完成。在完成课程作业的过程中，要对自己答错的选题进行仔细分析，记住知识点，这样才能加深印象。

3. 向榜样学习

除了看书和跟着课程学习，还可以在生活中找到你要学习的榜样，向榜样学习。

榜样是你想通过努力成为的人。我们每个人心里都有自己的榜样，而且不同时期的榜样还有所不同。这个榜样有时候是和你身份较为接近的人，她身上的优秀之处吸引着你、指引着你。

比如，同样是宝妈，你的宝妈朋友既能带两个娃，还能在家干一项副业，而你带一个娃就开始身心俱疲了，这时候你就特别想知道朋友在家带着两个娃是怎么腾出时间来做副业的。那么你就要进行挖掘，如果这个人是你认识的，你就要主动与她进行沟通，从她身上找经验，以便你能更好地带娃，还能探索一份适合自己的副业。

那么，我们在榜样身上要怎么挖掘出自己的副业呢？

①她做的副业是什么？自己可不可以做？

②她做过什么事情才让自己如此优秀？

③她有哪些身份标签，你最喜欢哪个？

④她当下的生活状态如何，你是否向往？

⑤你与她有哪些共同点？

⑥你想向她学习哪些方面的知识？

兰兰是一名软件测评师，为了提高收入，她想做一份副业。于是她就想找一个榜样，然后从榜样身上找到自己的副业。她发现她的同事就是她的榜样。大家都是软件测评师，平时的工作时间差不多，同样都是宝妈，所以学习起来不会觉得距离很遥远。她的同事的副业是推线上教育课程，她就跟着一起推线上教育课程，有什么问题兰兰都会请教自己的同事，而同事也非常热心地给她解答。经过不断地努力，兰兰最终在副业上收获了额外的收入。

跟着榜样发展副业，不仅可以省去自己探索副业的时间和精力，还可以获得榜样的支持与辅导，这就是跟着榜样发展副业的好处。

当然，如果你想探索更多的副业，就要找到更多的榜样，因为他们都是成功的代表。

首先，列出你感兴趣的行业的榜样名单，划分类型，比如游戏类、写作类、设计类、心理学类、教育类等。从这些类别里找出你喜欢的榜样，一个到两个即可，不必太多。

其次，这些榜样可以根据不同时期、不同状态随时进行调整，以便进行副业探索。

最后，我们可以从身边的人群中寻找，这样方便我们与她（他）进行交流，也能够了解到我们的最新动态；我们也可以把公众人物当作榜样，我们可以通过社交平台和新闻资讯来了解她（他）的动态；我们还可以从书中寻找榜样，因为很多书写得很多案例是真实案例，比如她是如何进行创业的，如何一步步探索出自己的副业的，虽然我们在现实生活中可能见不到这类人，但是我们可以通过书去了解她（他），学习她（他）优秀的地方。

以上这些都是提升学习力的方法，可以为你更多地赋能，便于你在探寻副业的路上早日找到合适的副业。

实践环节：

写下你有哪些方面需要提升自我管理，写出管理规划。

1. _____

2. _____

3. _____